子どもと生きる・
あまえ子育てのすすめ

NPO法人「カンガルーの会」
小児科医
澤田 敬　著

童話館出版

目次

本文イラスト／黒岩順子

はじめに

私は、高知県の公立病院に、小児科医として二十八年勤務しました。そのあいだ、たくさんの子どもたちと出会ってきました。あのときの、あの病気の、あの子…。私を信頼してやまない笑顔。私に救いを求めようとする瞳。彼らは、そうやって、私に大切なことを教えてくれました。

そんな子どもたちは、もうひとつ、私に、症例という形で、貴重な気づきを教えてくれたのです。興味深かったのは、身体的疾患はないのに、お腹が痛い、頭が痛いなどの症状を訴える子どもたちです。そんな子どもたちのお母さんと、診察室で話していると、たいていの人が、「忙しくて、相手をしてやれていない」「赤ちゃんが生まれて、この子の相手があまりできなくなった」などと言われます。

そんなとき、私は「お子さんは、さびしい思いをしているようだから、できるだけ時間をとって、かまってあげてください」と伝えていました。すると、後日、再来されるお母さんの多くが、「なるべく時間をとって、子どもとゆったり接するようにしたら、ひどくあまえだして、そのうち、症状はなくなりました。それに、子どもがあまえてくると、いくつになってもかわいいですね」と、いかにも楽しそうに言われるのです。そのつど、私は「あまえって、なんだか、すごいものだなあ」と思い、あまえというものに関心を持ち、魅せられてきました。

そのようにして、導かれるように、高知県立児童相談所に異動し、十二年勤務しました。児童相談所で向き合う子どもたちは、それぞれに心の混乱をきたしていて、思春期になると、いわゆる非行、うつ症状などのきびしい状態を抱えています。けれど、生まれつき、心の混乱をおこす定めを持っている子どもはいません。ただ、彼らの育ちの過程で、ひどく足りなかったものや、ひどく背負わされてきたものがあって、それが、彼らの今の状況をつくっているのです。ひどく足りないものは、愛情であり、あまえであり、ひどく背負わされてきたものは、存在の否定や暴言・暴力などによる、つらさです。

そして、〝ひどく足りないものと、ひどく背負わされてきたもの〟は、その多くが、乳幼児のころから始まっていることもわかってきました。けれど、彼らのお母さん・お父さんが、必ずしも、育児放棄や虐待をしてきたわけではありません。それでも、いつの間にか、子どもとのあいだに心のすれ違いがおこり、それが積み重なって、親と子が悩み苦しんでいることにも気づきました。私は、親と子の、この心のすれ違いをなんとかしたいと思うようになりました。

その手がかりを求めて、二十五年ほど前より、同じ思いを持つ仲間とともに、小児科関係の学会で、子どもの心の混乱からくると思われる身体症状の治療として、「あまえ療法」事例発表をつづけてきましたが、なかなか理解を得られませんでした。医学的治療とはかかわりのないものと、受け止められていたからでしょう。

一九九六年、フィンランドで開催された「世界乳幼児精神保健学会」に参加しました。その場で、親と子の関係の基礎は愛着にあることを知りました。また世界の各地で、いろいろな職種の人が平等に協力し合って、親と子の幸せのために、研究し、活動している姿に共感しました。

翌年、この学会に参加した仲間と、「FOUR WINDS（注）乳幼児精神保健学会」をつくりました。その後、よき理解者に恵まれ、二〇〇九年には「あまえ研究会」も発足して、少しずつ実を結びつつあります。

同じころ、社会問題になっていた、子どもへの虐待の予防に、〝あまえ子育て〟によって有効に取り組むことができるのではないかと、考えを深めてきました。こうして、助産師、保健師、保育士、幼稚園教諭、児童福祉士、心理士、医師などが集まり、妊娠中からと、乳幼児期にかけての子育て混乱への支援、虐待予防を目的に、予防的かかわりのできるスタッフの養成をめざして、NPO法人「カンガルーの会」をつくり、活動を

（注）FOURWINDS「四方からの風」については27頁に。

始めたところです。

親であれば誰しも、子どもが生まれたときは、心から喜び、その成長を愛しいと思ってきました。けれど、どうしたことか、思わず、子どもをひどく叱ってしまったり、思わず、手をあげたりしてしまうことがあります。また、親が意識していないところで、子どもが傷ついたり、息苦しく感じていることもあります。

まして、そのような親と子の過度な行き違いが、子どもの将来にわたって、なんらかの重荷を負わせてしまうかもしれないとすれば、今のうちから、子どもと楽しく、ほがらかに暮らしていく方法はないものかと思われることでしょう。

その方法はあります。皆さんと同じような思いから、その方法を探し求めてきた私のこれまでの経験と、仲間の経験をとおして、ともに学んでいきましょう。

著者

序章

私たちの国の子育て文化

「これほど子どもをかわいがる人々を見たことがない」

『逝《ゆ》きし世の面影《おもかげ》』などの本に、次のようなことが書かれています。

「幕末から明治初期に日本を訪れた欧米人の多くが、日本の子どもたちが様々な遊戯をしてにぎやかに遊んでいるようすや、礼儀正しくしつけられている姿、大人たちが子どもを大切にし、子どもと遊び、子どもの成長を楽しみにしているようすを、驚きと好感、そして驚嘆をもって記録している。

たとえば、幕末の駐日イギリス外交官であり**『大君の都』**を著したオールコックは、〝子どもの楽園〟という表現を使い、大森貝塚を発見したアメリカ人のモースは、『日本は、子どもの天国』であり、『世界中で日本ほど、子どもが親切に取り扱われ、そして子どものために深い注意が払われる国はない』と記述している」

一八七八年、単身で日本を訪れたイギリス人女性のイザベラ・バードは、その著**『日本奥地紀行』**の中で、次のように書いています。

『私は、これほど自分の子どもをかわいがる人々を見たことがない。子どもを抱いたり背負ったり、歩くときには手をとり、子どもの遊戯をじっと見ていたり、参加したり、いつも新しいおもちゃをくれてやり、遠足や祭りに連れて行き、子どもがいないといつもつまらなさそうである。他人の子どもに対しても、適度に愛情を持って世話をしてやる。父も母も、自分の子どもに誇りを持っている。見ていて非常に面白いのは、毎朝六時ごろ、十二人か十四人かの男たちが低い堀の下に集まって腰を下ろしているが、みな自分の腕の中に二才にもならぬ子どもを抱いて、かわいがったり、いっしょに遊んだり、自分の子どもの体格と知恵をみせびらかしていることである。…。』

男たちが子どもを抱いて、たがいに、子ども自慢をしているようすが興味深いですね。これらを読むと、明治以降から現代まで一五〇年くらいのあいだに、私たちの国の、地域社会のなかでの子どもの位置が変化したり、親と子の関係のなかで失われたものがあることへの感慨を呼びおこされます。

同じような記述は、当時のことを記した本や記録のなかにいくつも見られ、「日本人は、生活は貧しいが、住まいも身なりも清潔だ」「性格は明朗闊達《めいろうかったつ》で、知的好奇心にすぐれている」「子どもをとてもかわいがり、私たちの国のように、子どもにすぐに手をあげるようなことはしない」というようなことが書いてあります。

今、外国の人のこのような文章に出会うと、面映《おもはゆ》くもありますが、励まされますね。

『逝きし世の面影』
渡辺京二／著
平凡社ライブラリー

欧米の子ども観・私たちの国の子ども観

欧米では、独自につちかわれてきた文化的風土のもとに、子どもは、きびしいしつけをして育てるものと考えられているようです。

また、ヨーロッパでは、多くの民族が国境を接しているため、古代より、国家、民族間の争いが絶え間なく、幾多の悲惨な歴史を描いてきました。そのなかで生きぬいていくには、人は、乳幼児期のころから独立心を養う必要がありました。

私たちの国には、自然に逆らわず、自然とともに生きていくという考え方が基礎にあります。それは、子育てにも反映されています。また、私たちの国では、子どもは、生まれながらにして善なるものです。

「銀《しろがね》も 金《くがね》も玉も 何せむに まされる宝 子にしかめやも」

と、山上憶良《やまのうえのおくら》が万葉集に詠んでいるように、古来より、子どもは、私たちにとって宝物でしたし、授かりものでした。

それに、隣国とは海洋によって隔《へだ》てられています。そのような環境のもと、子どもが満足するまで親のもとで育て、しぜんに離れていくのを待ってきました。

母子手帳の改訂

アメリカでは、一九四〇年代ごろより女性の社会進出が進み、それにともない、子どもを早くに独立させようという社会風潮がひろまっていきました。

一九六〇年代、私たちの国にも、早期独立の子育て文化が輸入されました。その象徴として『スポック博士の育児書』が翻訳出版され、育児書のバイブルのようになりました。そのころ、私たちの国も、経済成長のもと、女性の高学歴、女性の社会進出が進みます。同じころ、母子手帳が作成され、出産を待つ人たちに配布されました。そこには、抱っこ、おんぶ、添い寝は良いものではない、あまえはよくない、とありました。

こうして、早期の母子分離が流行し、早期の断乳がうながされました。けれど、それと歩調を合わせるようにして、親と子のきずなは弱くなり、家庭内暴力、校内暴力などが多くなりました。

やがて、一九八〇年代になり、早期独立の子育てが反省されました。それによって母子手帳も見直され、抱っこ、おんぶをすすめるような内容になりました。

なお、私たちの国の育児書には、一九六七年に初版が出版され、その後、改訂が行われて、長く読み継がれている**『育児の百科』**があります。

『定本 育児の百科』文庫版（全３冊）
松田道雄／著　岩波書店

欧米の子育て文化・私たちの国の子育て文化

アメリカやカナダはヨーロッパからの移民の国ですから、文化の源《みなもと》は同じです。

カナダでの、世界乳幼児精神保健学会に参加したときのこと。二才の男の子のお母さんとお話をしました。カナダでは、赤ちゃんは、遅くとも生後三か月になると、親とは別の部屋に寝るそうです。赤ちゃんが泣けば、お母さんが赤ちゃんの部屋に行き、授乳をします。そのあと、ぐずることがあっても、ひとりでベビーベッドに寝せて、電気を消せば、そのうち眠ります、と言われました。また、いっしょに入浴することはなく、浴槽の外からお母さんが洗ってやるそうです。

二〇〇八年、世界乳幼児精神保健学会・横浜大会での、私たちの「あまえ子育て」の研究発表で、外国からの研究者の多くが、保育士が持参していた、日本流おんぶひもを見て感心していました。アメリカの難民センターの女性所長は、ぬいぐるみのくまをおんぶして、会場を歩きまわりました。保育士がおんぶひもを進呈すると、「アメリカでも、このおんぶひもに変えなくては」と、喜んで持って帰られました。

欧米の子育て文化をうのみにせず、その、良いところを、私たちの国の子育て文化のなかに取り入れていくくらいが、ほどよいと思います。

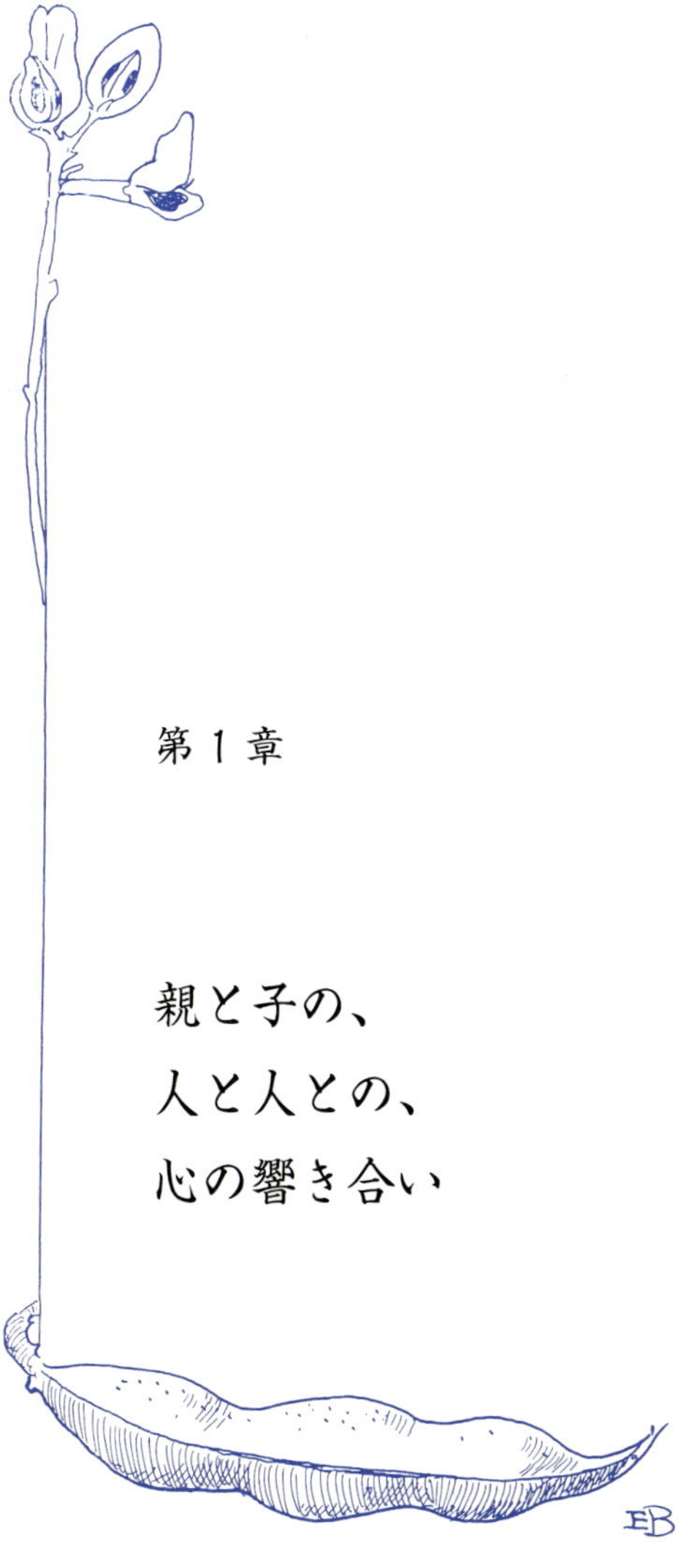

第１章

親と子の、
人と人との、
心の響き合い

公園の女の子とお母さん

雨がやみました。マンションの部屋の窓を開けます。空は洗われたように澄みわたっています。今日は日曜日。ひさしぶりに、ゆっくりできている夫が、四才になったばかりの娘と、おもちゃで遊んでいます。あなたは、ひとり、雨あがりの街を歩いてみたくなりました。夫も「そうすれば」と言ってくれます。あなたは、夫と娘に「じゃあね。行ってきます。仲よくね」と、玄関をでます。

雨のにおいと、木の緑のにおいが、あなたをすがすがしい気持ちにします。公園で、ちょうど娘くらいの女の子と二才くらいの男の子が、お母さんといっしょに、水たまりで遊んでいます。女の子がベンチのほうへ歩いていきます。子ねこがいるのです。女の子は、子ねこに、なにやら話しかけています。その仕草《しぐさ》がいかにも愛らしく、あなたはほほえみを浮かべています。

おや、女の子が子ねこを抱きあげようとしています。ところが、子ねこはいやがって、女の子をつめでひっかいたようです。女の子は、火がついたように泣きだしました。お母さんがびっくりして駆け寄っていきます。女の子は、お母さんに抱きあげられ、お母さんにしがみつくようにして、泣きじゃくっています。お母さんは、子ねこを「しっしっ、だめよ」と、女の子にわかるように怒ってみせて、ひっかかれたところをなでてあげています。「よしよし、痛かったねえ」と、女の子を軽く揺らしながら、慰めています。ひとしきり泣いた女の子は、するりと、お母さんの腕からすりぬけると、笑顔を見せながら、弟のところへ駆けていきました。

あなたは、なぜか、はずむような気持ちになって、雨に濡れた街路樹の下を歩いていきます。

あなたは公園でのことを思い浮かべながら、「いいお母さんだなあ。自分と娘にも、あんなことがあっただろうか」と思っています。あなたが、「いいお母さんだな」「いい親子だな」と思えるのは、女の子がひどく泣きだしたときの、お母さんの立ち居振る舞いが、しぜんなものに感じられたこと。そして、女の子がお母さんにしがみつき、お母さんも女の子を抱きしめている姿に、日ごろからの、女の子とお母さんとの強い結びつきを感じたからでしょう。それに、あんなに泣いていた女の子が、泣いていたことさえ忘れたように、むしろ、満ち足りたようすで、お母さんの腕からすりぬけていったことにも、あなたは心を動かされています。

あなたは街路樹の通りをぬけて、橋をわたり、この地域で古くからつづく商店街に、はいっていきました。昔ながらのガラス戸の文房具屋さんがありました。子どものころに返ったような、なつかしい思いがします。あなたは、おはじきと紙風船を見つけ、娘へのおみやげに買いました。商店街のたたずまいをゆっくりと楽しんでいるうちに、思いのほか、時間は過ぎていたようです。商店街のはずれの角を曲がると、向こうに、夫と娘が待つマンションが見えます。

親と子の、心の響き合い

あなたの足どりは心なしか速くなって、もう、マンションの部屋のドアを開けています。「ただいまあ」お父さんのあぐらにはいって、絵本を読んでもらっていた娘は、とたんに立ちあがり、「ママ！」と言いながら、あなたに飛びついてきました。あなたは、満面の笑みで、両手をひろげて娘を迎え入れ、抱きあげて、ほおずりをします。娘は、あなたにしがみついています。あなたも娘を抱きしめています。

このとき、あなたと娘のあいだには、どちらかが、どちらかを抱きしめているという感覚はありませんね。娘はあなたを抱きしめ、あなたも、娘と同じ気持ちで、娘を抱きしめています。ここでは、親と子という、育てる者と育てられる者という隔《へだ》たりは取りはらわれています。このように、上と下、主と従という隔たりが取りはらわれたときの心の触れ合いを、心の響き合いと呼ぶことにしましょう。（この

心の響き合いのことを、専門的には、間主観性《かんしゅかんせい》といいます。）思いだしてみてください。公園の女の子とお母さんとのあいだにも、心の響き合いがありました。そのことが、あなたを「なんだか、はずむような気持ち」にしてくれたのですね。

夫は「やれやれ」という表情で、あなたの帰宅を心から歓迎しています。

「あなた、ありがとう。おかげで、リフレッシュできたわ」

あまえ子育てによって

人は、人とのかかわりのなかで生きています。

人とのかかわりというとき、その源《みなもと》は親と子のかかわりです。私は小児科医として、また、ＮＰＯ法人「カンガルーの会」をとおして、長年、心の課題を抱えている母親、父親、子ども、思春期の人たちと接してきました。その人たちに接するたびに、その人たちの子どものころや、現在の、親と子のかかわりに思いがいくのです。

その最も大切な、親と子のかかわりが、このところ、ひどく弱まっていくように感じられます。私たちは、人とのかかわりのなかで生きていますが、それは、人と人がつくる社会とのかかわりのなかで生きていくことです。そうやって、私たち自

身も社会をつくりながら、同時に、社会からの影響を受けています。

このように考えると、親と子を、社会の影響のもとにゆだねてしまうのではなく、本来の姿にもどしていくことが大切と思えます。私は「もどしていく」と述べました。そうなのです。私が、「これが、本来の親と子のかかわりではないだろうか」と思う、親と子の姿は、もともと、私たちの暮らしのなかにあったものです。

親と子のかかわりのなかで、取りもどしていきたいもの。それは、親と子の、しぜんな心の響き合いです。公園の、女の子とお母さんとのあいだに生まれていたもの。あなたが帰宅したとき、娘が飛びつき、あなたが抱きとめたときに生まれていた、なんとも言えない心の響き合いです。この、親と子の心の響き合いを、最もしぜんに、最も有効につくるのが、あまえ子育てです。

この本のタイトルは、『子どもと生きる・あまえ子育てのすすめ』です。「あまえ子育てのすすめ」というと、なんだか、よく見受けられるような、子育てのスキルやマニュアルのように聞こえるかもしれませんが、そうではありません。あまえは、スキルやマニュアルからは生まれない、親と子の心の深いところから、しぜんに湧きでてくるものです。あまえは、親と子に心の響き合いをつくってくれますが、同時に、心の響き合いがなければ、親と子のあまえもつくれないのです。

人と人との、心の響き合い

人は、人とのかかわりのなかで生きています。人とは、親と子であり、夫婦であり、家族です。友人であり、職場の同僚であり、何かでお世話になる人であり、近所の人たちです。教師と生徒、医師と患者などのかかわりもあります。

家族とのあいだに、友人とのあいだに、職場の同僚とのあいだに心の響き合いが感じられていれば、私たちは、小さくはあっても、確かな幸福感のもとに生きていくことができます。考えてみますと、私たちの人としての幸福感は、どこか遠くの山の向こうではなく、ほんとうは、こんなところにあるのではないでしょうか。

教師と生徒、医師と患者、子育てや心の病の相談を受ける人と相談をする人のあいだは、いかがでしょうか。教師は授業のスキルを身につけ向上させることで、生徒の学習の導きになることを願っています。でも、教師と生徒とのあいだに、心の響き合いがないか、薄ければ、教師の願いは空回《からまわ》りをするでしょう。医師も、患者との心の響き合いのなかで、よりよい診療ができるものです。それは、子育てや心の病の相談の場において、よりいっそう、顕著だと思われます。

人が人とかかわる、どのような場においても、基本に心の響き合いがあれば、そこに知恵と調整を重ねることで、たいていのことはうまく進むものと私は思います。

あなたは、公園で、女の子が子ねこに話しかけているのを見て、ほほえみを浮かべていましたね。子ねこにひっかかれたとき、「まあ!」と驚いて、女の子がかわいそうになりましたね。お母さんに抱きあげられて、なだめられているのを見て、気持ちが温かくなりました。そういうあなただからこそ、あなたが「ただいまあ」と、マンションのドアを開けたとたんに、娘はあなたへ向かって走ってきて、あなたに飛びついたのです。あなたも、なんの照らいもなく両手をひろげて娘を受け止め、娘を抱きしめることができました。

あまえ子育ては、親に、自分の子どもだけへの思いがあっても、うまくつくることはできません。かえって、形だけの、たがいに仮面をつけた親と子をつくることにもなりかねません。親の心を、同じ保育園や幼稚園に通う、よその子どもへも、他者へも向けていてください。

そのような、他者を思う親の心は、もちろん、あなたの子どもへも響いて、他者を思うあなたの子どもの心になっていきます。

フィンランド北部、北極圏内のラップランドには、四方《しほう》にトンガリをつけた帽子があります。ラップランドは平原で、冬になると一面、数メートルの雪に閉ざされ、東西南北の方向がわからなくなるそうです。人々は、吹いてくる風の方向から自分の居る場所を感覚で探ります。その風を感じとる帽子がFour Winds Hatです。

四方からの風

Four Winds Hatの四つのトンガリは、東西南北、四方の風を表しています。私たちの「FOUR WINDS乳幼児精神保健学会」は、ラップランドの人が、四方より吹いてくる風を肌で感じて自分の場所を知るように、子どもから親、親から子どもへと吹く風を感じとれるような、そんな親と子の育ちを支援しようと設立されました。(FOUR WINDSの名称は、フィンランド大使館から使用許可を得ています。)

第２章

心の
アルバムのなかの
物語り写真

子どもが楽しく遊んでいる姿を見て、自分が子どものころ楽しく遊んだことが、ふと、浮かびあがってくることがありませんか。

人は誰しも、生まれたその日から、いろいろな経験をし、自分なりの人生を生きています。そのときの、さまざまな場面の出来事を、物語り写真として自分の心のアルバムに収めつづけています。（その物語り写真を「表象《ひょうしょう》」といいます。）

物語り写真は「思い出」に限りません。「思い出」として意識されて浮かびあがってくるというよりも、むしろ、人の無意識から浮かびあがってくるものと受け止めるのがよいと思います。

このようにして、お母さん・お父さんには、子どもを前にしたとき、その場のふんいきに合った、自分の子どものころの物語り写真が浮かびあがってきて、その物語り写真に沿って子どもに接するようになります。

生後三日の赤ちゃんのお母さん。満足した表情で赤ちゃんに母乳を飲ませていました。「お母さん、どんな気持ちですか？」とたずねました。お母さんは、「そんなに言われても……」と、赤ちゃんのほおを人差し指で軽く触っていました。しばらくして、「私、なんだか、誰かに抱っこされているように、フワーッとした、良い気分です」と言われました。

赤ちゃんを抱っこして母乳を飲ませていると、自分が赤ちゃんのころ、母親に抱っこされて母乳を飲ませてもらった、そのときの満足した心の物語り写真が浮かびあがってきて、なんともいえない、良い気分になっておられたのでしょう。

今、子どもとつくる物語り写真

今、子どもと楽しい時間を過ごすことは、子どもの心のアルバムに、たくさんの、楽しい物語り写真を収めていくことです。その物語り写真は、将来、子どもが、なんらかの困難に向き合ったときの拠《よ》りどころになるものです。また、やがて、子どもが親となったとき、子どものころの、楽しかった物語り写真が浮かびあがってきて、その物語り写真に導かれるようにして、自分の子どもを育てることができます。

つまずいてころんで泣いている子どもにお母さんが走り寄ってきて、「だいじょうぶよ」と言いながら、抱きあげてくれて、すりむいたひざこぞうをふーふーしてもらった……という物語り写真が、その子の心に収められるか。それとも、お母さんは立ったまま、「それくらいで泣かないで！」と、叱られたという物語り写真が収められるか……。つまずいてころんで、ひざこぞうをすりむいたという事実はひとつですが、そのときのお母さんの対応によって、子どもの心の物語り写真は違ってきます。

それに、もしかすると、つまずいてころんで泣いているのは、痛くて泣いているというよりも、お母さんにびっくりしてもらいたくて、お母さんにやさしく声をかけてもらいたくて、抱きあげてもらいたくて、すりむいたところをふーふーしてもらいたくて、泣いているのかもしれません。

そういえば、私たちの国には〝あまえ泣き〟という言葉があります。お母さんは、自分の〝あまえ泣き〟をわからないふりをして抱っこしてくれて、ふーふーしてくれたという、子どもの幸福感を思ってみましょう。

子どもの将来の物語り写真❶

心の物語り写真には、もうひとつの側面があります。親は子どもを育てるとき、その子になんらかの夢や願いを託しているものです。親は、その夢や願いに沿う子ども像を、意識するとしないとにかかわらず、〝子どもの将来の物語り写真〟として描いています。親と子が、良い心の響き合いのもとで暮らしていれば、親が描く子どもの将来の物語り写真は、子どもにも、やわらかく感じとられていくでしょう。けれど、子どもには将来、経済優先社会・競争社会の勝者となってほしい…、そのための学歴や就職先などの、過剰で露《あら》わな、子どもの将来の物語り写真は、それが、子どもの成長とともに、子どもの自意識のめばえと対立するとき、子どもへの圧迫になりがちです。

病院の経営者の家族です。お母さんは妊娠して男の子とわかり、「跡取りができて、ほっとした」そうです。幼児期から習い事や塾に通わせました。成績がよく、中高一貫の進学校に入学しました。〝この成績なら志望している難関大学医学部はだいじょうぶ〟と言われていました。高校二年生になり、頭痛、腹痛、イライラがおこり、学校を休むようになりました。お母さんが、「こんなことでは、医学部に行けなくなる。少しくらいのことはがまんをして、学校へ行きなさい」と、しきりに言うと、「こんなになったのは、お母さんのせい！」と、家庭内暴力が始まりました。

お母さんは、私との面接のなかで、「私は自分の子どもを育てていませんでした。病院の跡取りを必死に育ててきました。ほんとうは、私もすごくきつかったのですから、彼は、もっときつかったのでしょうね」と、涙を流しました。

この子は高校を卒業後、予備校に一年間通い、他の学部にはいりました。お母さんは〝病院の跡取り〟という、子どもの将来の物語り写真を描いて、彼を育てました。彼もお母さんの物語り写真を取り入れて、本音をだせず、建てまえでがんばってきました。けれど、思春期を迎え、自意識の目覚めとともに、ついに心の糸が切れて、不登校、家庭内暴力になったのだと思います。

程度の差こそあれ、このような危険性は多くの親と子にもあることです。

子どもの将来の物語り写真❷

なお、親が、現実利益的な子どもの将来の物語り写真ではなく、人間性豊かに育ってほしいという物語り写真を心に描いているとしても、また、その物語り写真を意識して心に描いているわけではなくても、親の生き方や、親の日ごろの、なにげない言動をとおして、良い心の響き合いのもと、子どもがそれを敏感に感じつづけているということはあります。

けれど、それが、子どもにも意識されないところで重く積み重なり、やがて、思春期、青年期を迎えて、精神的な独り立ちをしようとするときに、親が心に描いてきた子どもの将来の物語り写真によって、自分の思考や感受性が少なからず影響を受けていることに、子どもが気づくことがあります。そのとき、子どもは、今の、自分の思考や感受性を、そのように〝支配〟している親に反発し、それを乗り越え、壊して、自分自身によって自分を確立しようと、苦悩することがあるでしょう。その過程で、必然的に、親と対立することがあります。そのとき、親は、思いもかけず、子どもからの異議申し立てを受けて、とまどうかもしれません。

　それでも、親の意識しない子どもの将来の物語り写真が、思いやりがあって、思慮深く育つように、人のためにも生きていける人になってくれるように……という、人間性をともなう物語り写真であれば、親への異議申し立てと、対立と、そして、対話を経過することで、子どもは、改めて、その物語り写真に向き合い、心にしみこむように取り入れ、自分で結論をだしていくと思います。そうやって、自分自身によって自分を確立していくでしょう。

　心の物語り写真は、第一章の、心の響き合いとともに、「子どもと生きる」ということを考えるとき、大切な拠《よ》りどころです。この本でも、たびたび、このふたつのことに立ち返っていきます。

第3章

乳幼児期の、親と子の心の響き合い

親と子の心の響き合いは妊娠中から始まっています

お腹が少しずつ大きくなります。お腹の中で赤ちゃんが動きます。お母さんは、お腹をなでてさすります。お母さんは、お腹の中の赤ちゃんに声をかけています。お父さんも、お母さんの声に誘われて、お腹に手をあて、赤ちゃんを感じます。そうやって、お母さん・お父さんも、母親・父親としての気持ちを、お腹の中の赤ちゃんに育てられていくのですね。

もちろんですが、胎内の赤ちゃんとお母さんはつながっています。それは、身体的につながっていることでもありますが、精神的にもつながっているのです。妊娠中に、お母さんが、静かな環境のなかで、幸福感を感じながら、ゆったりした気持ちで過ごしていると、生まれてくる赤ちゃんも、おだやかで、ほがらかな赤ちゃんになることでしょう。

お母さんが、何かでいらだったり、いやな気持ちになったりしたときは、お腹をなでてさすりながら、赤ちゃんに、「驚かせて、ごめんね」「いやな気持ちにさせて、ごめんね」と声をかけてあげましょう。

妊娠中に、ドメスティック・ヴァイオレンス（DV）など、ひどくつらいことや、ひどく心配なことを抱えつづけているときは、できるだけ早く、そのことを解消す

るか、和《やわ》らげるようにしたいものです。お母さんと赤ちゃんは胎盤をとおしてつながっていますから、お母さんがつらい思いをつづけていると、お母さんから赤ちゃんへストレスホルモンが伝わります。ストレスホルモンは人間の神経を興奮させ刺激します。生まれてくる赤ちゃんにそんな気質が伝わっていなければよいのですが。

でも、そんな心配があったとしても、だいじょうぶです。生まれてからの子育てによって、ほがらかな赤ちゃんに変えていくことができます。

赤ちゃんとの最初の幸福な出会い

赤ちゃんが生まれると、お母さんは赤ちゃんとの世界にのめりこんでいきます。赤ちゃんがぐずると、あやし、母乳を飲ませ、おむつを替えます。そうやって、赤ちゃんの気持ちを察して、満たしてあげます。赤ちゃんは、お母さんの胸にほっぺをくっつけ、乳房を触り、お母さんを見つめ母乳を飲みます。

いろいろな理由で母乳をあげられなければ、粉ミルクでだいじょうぶです。それに、粉ミルクだと、お父さんも〝授乳〟できますね。母乳も粉ミルクも、赤ちゃんに語りかけながら飲ませてあげましょう。

お母さんが赤ちゃんを見つめて語りかけると、赤ちゃんも見つめ返します。お母さんが口を開けたり、唇をつきだしたり、舌をだしたりすると、赤ちゃんもまねをすることがあります。いつも話しかけていると、生後二〜三か月ごろには、ニコッとほほえみ、クークーと返事をする赤ちゃんが多くなります。お母さんと赤ちゃんとの、最初の最も幸福な出会いです。

あるとき、生後三か月の赤ちゃんのお母さんが、私に、誇らしげに言ったことがあります。「この子は、私があやすとうれしそうに笑うけど、他の人があやすと、あいそ笑いをするんですよ」

乳幼児期の脳の発達と心のこと

乳幼児期にかわいがられて育つことと人間の脳の発達とのかかわりを、別の視点から述べてみます。赤ちゃんは四頭身です。頭が非常に大きいわけです。頭が大きいというのは、人間にとって脳の発達・成長がいかに重要かを示しています。

生後一才までは、脳の奥底にある大脳辺縁系《だいのうへんえんけい》と呼ばれるところの発育が活発です。大脳辺縁系とは、喜び、安心、不安、怒り、恐怖、悲しみなど、人間の感情や情動、感受性をつかさどります。同じころ、前頭連合野《ぜんとうれんごうや》の発育が活発になります。前頭連合野は、がまんをする、人とかかわる、人と協調するなど、人間の社会性をつかさどります。また、大脳辺縁系の働きを調節する役目も負っています。乳幼児期にかわいがられて育つということは、そのことによってもたらされる良いものが、大脳辺縁系や前頭連合野にたくさん蓄えられていくということです。しかも、乳幼児期には、蓄えていく力がとりわけすぐれています。

でも、乳幼児期にかわいがられて育てられていないと、大脳辺縁系や前頭連合野の発育が充分ではなく、情動、感受性をつかさどる力に障害をおこします。感情のコントロールがうまくできず、それが、キレるなどの行為となって現れることもあります。このように、乳幼児期は心の根幹ができていくときです。

育ちの過程で、混乱した心がつくられていても、早い時期に、育てる環境を温かいものに変え、かわいがられていけば、わりあい簡単に、温かい心につくり変えることができます。

ですから、人は何才になっても、心の混乱からぬけでようとすると、〇〜三才のころに逆もどりをして、生まれ変わりをしようとするのです。

赤ちゃんの肌に触れる

人は、人との触れ合いのなかで生きています。それは、精神的な意味でいわれることが多いのですが、人は生きものですから、まずは肌と肌の触れ合いです。誰しも、たがいに思いを感じている人と触れ合っているのは快いですね。お母さんとの触れ合いは、赤ちゃんが最も望む触れ合いです。

おむつを替える、着替えさせる、お風呂に入れる。そんなときに、赤ちゃんに語りかけながら、赤ちゃんのからだを、てのひらで、やさしく、なでたり、さすったりしてあげましょう。「かわいい、かわいい」と言いながら、ほおずりしてあげましょう。軽くくすぐって、赤ちゃんを笑わせましょう。笑うことを覚えた赤ちゃんは、よく笑うようになります。（ただし、赤ちゃんを長くくすぐってはいけません。苦しくなりますから。）赤ちゃんの笑う声は、たちまちに、お母さんの気持ちをほがらかにします。背中も、なでたり、さすったりしてあげます。赤ちゃんは気持ちよさそうにしています。お母さんに愛されていることを、まさに、肌身で感じているのです。

最近はベビー・マッサージの講習会も開かれているようです。参加するのも良いことですが、大切なのは、愛情をこめて赤ちゃんの肌に触れることです。

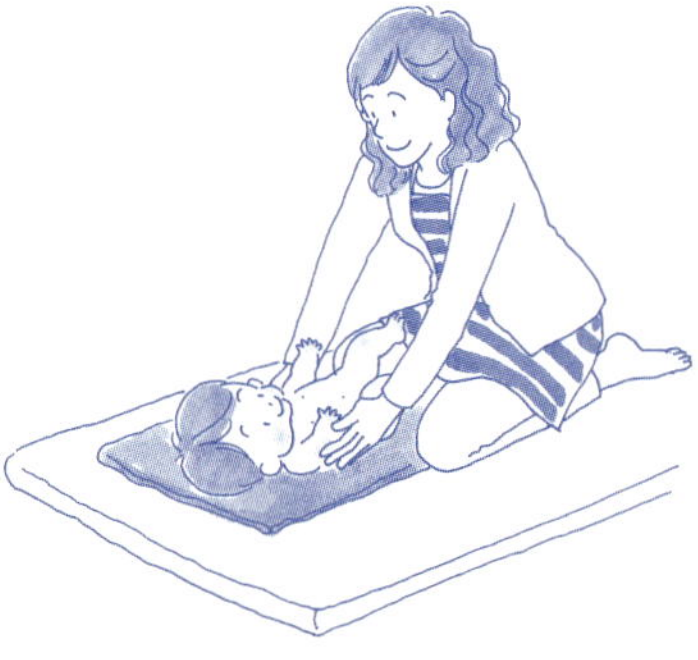

語りかける

授乳するとき、おむつを替えるとき、抱っこしているときなど、赤ちゃんを見つめて、しぜんに、やさしく言葉をかけましょう。語りかけるのは、なんでもよいのです。意味のあることでも、ないことでも。赤ちゃんは、言葉の意味はわからなくとも、お母さんが話しかける言葉の音色、言葉にこめられたお母さんの心を聞いています。赤ちゃんはかわいい笑顔で応えてくれますね。

「いないいないバー！」の遊びを、皆さんも赤ちゃんと楽しむでしょう。お母さんが「いないいないいない」と言って、両手で自分の顔を隠すと、赤ちゃんは不安そうな表情をします。「バー！」と両手を離すと、お母さんの顔を見て、はしゃぐように喜びます。それをくり返すと、「いないいないいない」のところで、次の「バー！」を予想しているように、はしゃぐのを待ちかまえているように見えます。「バー！」とやると、やっぱり、笑い声をあげて喜びます。このような、音楽性とリズムをともなうやりとりを、オーストラリアの児童心理学者・マーロックは、音楽的コミュニケーション（communicative musicality）と表現しています。

ここには、お母さん・お父さんと、赤ちゃんとのあいだに、絶妙な心の響き合いがあります。このように、心の響き合いは、どちらか一方からのものではありません。

皆さん、子守り歌をうたってもらいましたか。「え、そんな小さいころのこと、覚えていない」と思われるでしょうか。でも、なかには、一才とか二才とか、そのころに、子守り歌をうたってもらったことを覚えている人もいるのです。そのときの、お母さんの声のふんいき、子守り歌の節《ふし》やメロディもいっしょに。覚えていない人でも、子守り歌を聞いて、なんとなく、なつかしい感じがするのは、子守り歌をうたってもらっていたときのことが、心の奥底に表象《ひょうしょう》として残っているからです。ふしぎですね。そこに、子守り歌の真髄《しんずい》があるのでしょう。

今は、赤ちゃんや幼い子の周りに、テレビやＣＤによる歌や音楽があふれています。でも、彼らの聴覚にとって、そのような歌や音楽は、概《がい》して刺激的で、心の安定を乱しがちです。最も心地よい歌、最もしぜんな音楽は、子守り歌です。子守り歌をうたうお母さんの声は、赤ちゃんがお母さんのお腹の中で聞いていた声です。

お母さんの声のなかにも、いらだつ声や怒る声など、聞きづらい声もあったかもしれません。そのなかで最も心地よい声は、お母さんが子守り歌をうたうときのような、おだやかな、気持ちを落ち着かせてくれる声だったに違いありません。赤ちゃんは、この世に生まれて、なんとなく心細い思いをしているところに、お腹の中にいるときから聞いていたお母さんの声を、子守り歌をとおして聞くことで、安心感を得るでしょう。

　イギリスの児童精神科医・トレヴァーソンは、世界の多くの子守り歌を研究して、子守り歌はみな、同じような心地よいメロディを持っていると述べています。ですから、子守り歌は、お母さんだけではなく、お父さんやおばあちゃんが歌っても、赤ちゃんは同じような心地よさを感じているのでしょう。

　子守り歌は、ＣＤをかけて、赤ちゃんや幼い子に聞かせるものではありません。お母さんが覚えて、歌ってあげるものです。お母さんは、抱っこやおんぶをして、子守り歌をうたいながら、しぜんに、からだを揺らしていますね。赤ちゃんを寝かしつけるのに、子守り歌をうたいながら、赤ちゃんのお腹のあたりを、軽く、リズムよくたたいています。誰に教わるともなく、そうしています。それが、赤ちゃんには心地よいのです。歌っているお母さんも良い気持ちです。

　じょうずに歌おうとする必要はありません。そもそも、子守り歌をうたう人に音痴の人はいませんから。そうやって、子守り歌をうたってあげていると、しみじみと、母親としての実感を味わうことでしょう。また、子守り歌は〝寝かしつけるとき限定〟にすることはありません。家事をしながら、なんとなく、子守り歌を口ずさん

『ねんねんよー　子どもにうたってあげる こもりうた』（CD つき）
ましませつこ／絵　上野美佳子／歌
童話館出版

でいいのです。子守り歌を思いつかなければ、鼻歌でもよいのです。それが、赤ちゃんや幼い子に、お母さんの存在を感じさせて、安心していることができます。

子守り歌には、長いあいだ、生活の場で歌い継がれてきたことによる、洗練された音楽性があります。赤ちゃんや幼い子は、子守り歌をとおして、その音楽性をお母さんから受け継いでいきます。

『日本のこもりうたは、もともと、貧しい農村から出てきた子守娘の、いろいろな想いが歌という形をとって自然に生れたものです。そこには、つらい思いと同時に「相手をいとおしく思い、大事に思う」という、人間としてもっとも自然な気持ちが、素朴なかたちで込められています。わたくしたち日本人が、こもりうたのなかに、独特の鼓動を見いだすことができるのも、おそらくそのあたりにあるのでしょう。そのような日本のこもりうたの鼓動が、長い歴史の流れのなかで、おとなから子どもへと受け継がれていくということこそ、文化の伝統というものではないでしょうか。』

（『**ねんねんよー　子どもにうたってあげる こもりうた**』あとがきより
／慶應義塾大学言語文化研究所 教授　西山志風）

立ち会い分娩

私は、高知県のある産婦人科医院で、医師、スタッフとともに、よりよい親と子の関係をつくるための勉強をつづけています。外来の診察では、胎児の身体《からだ》が立体的に見える三次元超音波診断装置を使って、家族のみんなに胎児のようすを見てもらいます。「心臓が動いている。手が動いた。あくびをした。お父さんに似ている。いや、おじいちゃんに似ている」と、にぎやかです。赤ちゃんを家族みんなで迎える最初のセレモニーです。

いよいよ、出産の日です。私たちは、外来の場をとおして家族関係も見せてもらったうえで、お母さんの意向を尊重し、お母さんの人選をもとに、家族に分娩室にはいってもらっています。そのときは、分娩室にはいるかどうか、ひとりひとりの気持ちを確認します。立ち会い分娩のこともていねいに説明します。

お母さんの陣痛が始まります。お父さんは、お母さんの背中をさすります。陣痛が強くなってきました。お父さんは、こぶしをにぎりしめ、からだを固くして見守っています。小学二年生のお姉ちゃんは、お母さんのそばで「お母さん、がんばって!」と励ましています。無事、生まれると、お父さんは喜びと感動で涙を流しました。お母さんの陣痛をこわがって、お父さんにしがみついていた小学一年生のお兄ちゃんは、赤ちゃんが生まれると、「かわいい！」と大喜びです。スタッフも家族と心を響き合わせ、家族の喜びのおすそ分けをもらいます。

赤ちゃんは、生まれたそのときからお母さんといっしょです。この産婦人科医院では、お母さんの病室に家族が泊まることもできます。小学二年生のお姉ちゃんは、学校が終わると飛んで帰り、赤ちゃんにつきっきりでお世話をしました。

紙おむつと布おむつ

保育士さんから、よくこんなことを聞きます。「以前は、二才になるとおむつがとれている子がほとんどでした。最近は、三才になっても、おむつがとれない子が多くなりました。それに、トイレット・トレーニングでは、おしっこをしても足までは濡れないトイレット・トレーニング・パンツを使うよりも、足までびちょびちょになるふつうのパンツを使うほうが、早くにトレーニングを卒業します」これは、どんなことを意味しているのでしょうか。

今は、ほとんど、紙おむつが使われていますが、私たちの子育てのころは、布おむつでした。確かに、紙おむつは、おでかけや就寝のときなどに重宝《ちょうほう》します。また、紙おむつは、赤ちゃんのお世話をする人のニーズに合わせて進歩しているようですが、それによって、赤ちゃんに、おむつが濡れている不快感が伝わらなくなったことに、先ほどの保育士さんの言葉の意味もあるようです。

布おむつでは、すぐに、赤ちゃんが不快感を感じて、むずがったり、泣いたりします。すると、それを聞きつけて、お母さんが「あらあら、おむつが濡れたのね。よしよし。今、替えてあげるからね」と、赤ちゃんに声をかけながら、おむつを替えていました。そこでは、赤ちゃんに、「お母さんという人は、自分の不快感をすぐにわかってくれて、それを取り除いてくれる人。そして、気持ちのよい状態に変えてくれる人」という思いが積み重なっていきます。そのことで、赤ちゃんはお母さんへの信頼をますますきずいていきます。

また、おむつが濡れる・おむつを替えることによる、快、不快の感覚は、赤ちゃんの皮膚感覚をとおして、五感の発達にも関係するものと思われます。

今でも、将来にわたる親と子の愛着関係を考えて、布おむつを奨励しているところがあります。でも、紙おむつから離れるのは、なかなかむずかしいですね。それでも〝布おむつというものがあった〟ことを知るのは、子育てのヒントになるのではないでしょうか。それに、布おむつの名残《なご》りとして、たとえば、紙おむつにトイレット・ペーパーを敷いておくのも、ひとつのアイディアではないかなと思います。

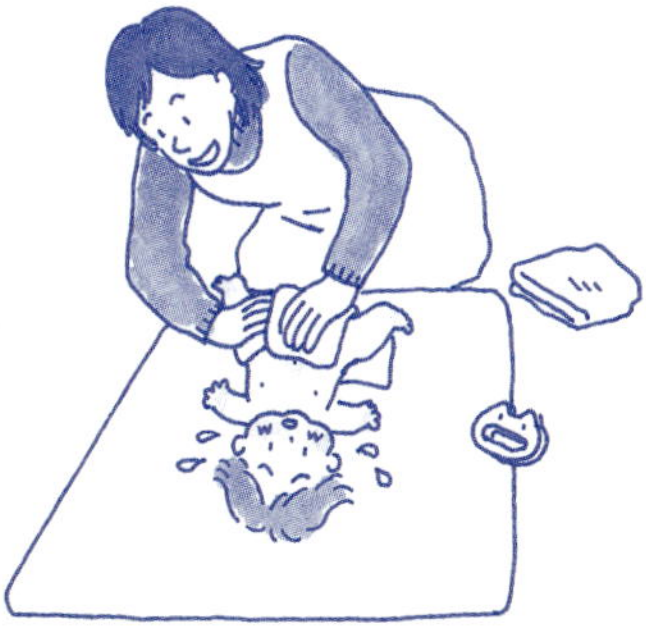

イギリスの小児科医であり、精神科医のウィニコットは、人間と人間の関係でいちばん大切なことは、ホールディング（holding）だと言っています。日本語では“抱きかかえ”“包みこみ”となるでしょう。ほっとしたふんいきで心を抱きかかえる、という意味です。それは、まさに、胎児を包みこんでいる子宮の役割です。妊娠中のお母さんは、胎児のために特別に何かをしているわけではありません。ただ、お腹の中の赤ちゃんの成長を楽しんでいるだけです。赤ちゃんは、暑くも寒くもなく、お腹もすかず、安心しています。

ホールディング
(抱きかかえ・包みこみ)

赤ちゃんが生まれたあとも、いわば、精神的な子宮をつくって、赤ちゃんと、大きくなっていく子どもを包みこんでください。お母さんの顔を見て、お母さんの声を聞くだけで、ほっとするふんいきをつくりましょう。

ホールディングできるお母さんは、どのようなお母さんでしょう。「この子に恵まれてよかった」と、子どもとの時間を楽しんでいるお母さんですね。そして、お母さんが、赤ちゃんや子どもを、心おきなくホールディングするには、父親をはじめとして、周りの人が、お母さんをホールディングすることが大切です。

ホールディングは、お母さんと子どもとだけに大切なことではありません。家族はもとより、学校、職場、隣近所、地域社会をとおして出会う人と人が、「この人に巡り合ってよかった」と、たがいにホールディングし合うことができれば、ずいぶんと生きやすい世の中になることでしょう。

第４章

あまえのなかで
育《はぐく》まれているもの

心のなかの親像と安全基地

親にかわいがられ、あまえを受け入れられることで、子どもは、お母さん・お父さんは自分をどこまでも守ってくれる、という安心感、信頼感をきずいていきます。その母親像、父親像が確かなものとなるとき、そこに、子どもの心の安全基地がつくられます。

子どものなかにきずかれた父親像、母親像に見守られて、子どもは、ひとりで、心の安全基地を出発し、外の世界へと歩みだしていきます。自立への第一歩です。

心の安全基地とは、「ひとりで出発したけれど、ちょっと不安になった、ちょっと疲れた」というようなときに、いつでも帰ることができて、いつでも温かく迎え入れてくれるところです。子どもは、再び、お母さん・お父さんという心の安全基地で充電をすませ、また出発します。今度は、もう少し遠くまで行くことができるでしょう。

死亡、離婚、未婚による片親家庭（ここでは、とりあえず母子家庭とします。）が増えています。〝母子家庭では、子どもが思うように育たない〟ということはありません。お母さんが「この子がいてくれてよかった」と、子どもとの生活を楽しんでいれば、子どもも「お父さんがいなくても、お母さんがいるからだいじょうぶ」と、安定した気持ちでいることができます。また、お母さんがひとりでがんばっている姿を見て、子どもも励まされるでしょう。

子どもにお父さんのことを聞かれたら、できるだけ、お父さんの悪いことは伝えないようにしましょう。夫のDVなどで離婚して、未だ心の傷が癒されていないにしても。もちろん、そうできるときもあるし、できないときもあるでしょう。

子どもは、あなたが語る父親像を心に描いて成長していきます。子どものなかの父親像は、その子が思春期、青年期を迎え、やがて大人になっていくときの、男性像、父親像のモデルとなるものです。

自立と自己肯定感

あまえで自立の心が育つの？ と疑問に思われるでしょうか。そうですね。あまえと自立は、対立するもののようにとらえられていますから。

あまえを受け入れてもらい、かわいがられて育った子どもは、「お母さん・お父さんは、どんなことがあっても自分を守ってくれる」という安心感に満たされています。

子どもは、周りから大切にされることで、自分を大切にするようになります。ありのままの自分でよいのだと、自己肯定感が生まれます。自己肯定感のある子どもは、自分に信頼がありますから、意欲を持って前へ進んでいくことができます。それは、小学校へ入学してから始まる学びの場においても、発揮されることでしょう。

けれど、子どもが、ふだんから親に気をつかい、親の指示や、親の暗黙の期待を感じとって、一見、意欲的な振る舞いをしているとしても、それは、その子自身のものではありません。そこには、自主性や自立心を育てていくものはありません。

本音と建てまえ

誰しも、多少とも、本音（ほんとうの自分）と建てまえ（うその自分）があります。あまえを受け入れられている子どもは、ほんとうの自分（本音）をだして、のびのびとしていられます。

一方、あまえを受け入れてもらえない子どもは、お母さん・お父さんに気をつかい、萎縮《いしゅく》し、お母さん・お父さんの暗黙の期待に合わせて、うその自分（建てまえ）で生きるようになります。親に認めてもらいたくて、また、親に見離されることを恐《おそ》れて、「良い子」になろうとします。けれど、同時に、うその自分を演じつづけることの忌避感《きひかん》と緊張による、ストレスがたまっていきます。そのような子どもは、ともすれば、他の人を攻撃することで自らのひどく鬱屈《うっくつ》したストレスを解消しようと、いじめをしてしまうこともあります。

頻発《ひんぱつ》する凶悪な事件を引きおこした、ほとんどの少年・少女、それに、二十代、三十代、四十代の人たちは、暴言・暴力をともなう、しつけという名の、親による力の支配のもとで育てられています。また、たいてい、乳幼児期から学童期にかけて、おりこうで「良い子」でした。そういう彼らによって引きおこされた事件は、それまで、建てまえ、つまり、うその自分で生きてきて、けれど、思春期、青年期という否応なく自分と向き合わざるを得ない時期に、自分のなかに、ほんとうの自分がないことの空虚感にさいなまれ、ほんとうの自分を探し求めているうちに、あのような形で噴出したものと思われます。

また、そのような人たちの多くは、底部に発達障害を負っていると報道されていますが、たとえ発達障害があっても、乳幼児期から、あまえを受け入れられ、のびのびと、本音をだして生きることができていれば、このような事件はおきていなかったと、私は思います。

本音が主で、建てまえを適当に取り入れて生きている人は、人として健全な生き方になりますが、建てまえが主で、本音をだせないでいると、たまりにたまった混乱が、なんらかの形で噴きでることになります。乳幼児期はのびのびとあまえさせ、いやなものはいやと、そのときの、ほんとうの気持ちを言える子どもを認めてあげましょう。そのうえで、その子が成長するにしたがい、人としての知恵として、ほどよく、建てまえを取り入れていけるようになればよいのです。

人を信頼する心

どんなお母さん・お父さんも、一才まではしつけはしません。それまでは、悪いことをしても、怒られることはありません。ありのままの自分を受け入れてもらいます。

一才を過ぎるころになると、あぶないこと、してはいけないことには、注意したり、叱ったりします。ひどく叱ったあとは、「怒り過ぎて、ごめん」という気持ちになりますね。「おりこうさんだから、次からあぶないことはしないよね」と、行為とは切り離して子ども自身を受け入れます。そうすることで、「あなたは、どんなことがあっても、お母さん・お父さんの大切な子どもだよ」と教えられます。

自分を大切にされている人は、自分を大切な存在と思うことができます。自分を信頼することができます。自分を信頼し、自分を大切な存在だと思える人は、周りの人を、同じように信頼し、大切な存在だと思うことができます。

人を信頼する人は、そのことによって、ときに、人生の途上で傷つくようなことがあったりするかもしれません。けれど、いずれ、そのつらさは報《むく》われて、豊かな時間を手にするでしょう。人生とはそのようにできているものだと、私は思います。

第5章

こうやって
あまえ子育て

ここでご紹介するのは、なんら特別のことではありません。私たちの国で、ふつうに行われてきた伝統的な「あまえ子育て」の方法です。でも、それが時代の流れとともに、すたれてきたか、または、それほど大切なものとは見なされなくなってきたようです。それは、大きな損失です。改めて、その良さを確かめ合いましょう。

抱っこ

赤ちゃんは、お母さんの子宮の中がいちばん安心できるところだったことを覚えています。ですから、子宮の中の胎児と同じような姿勢の「丸くなる抱っこ」をすると、気持ちよさそうな表情をします。生後二か月くらいまでは「丸くなる抱っこ」を心がけてください。「丸くなる抱っこ」の時期を過ぎれば、赤ちゃんがしぜんに望むように、抱っこしてあげてください。

抱っこしていると、抱きぐせがつきます。抱きぐせは良いことです。「ひとりでいるよりも、お母さん・お父さんに抱っこされているほうが安心」なことを知り、そうやって、お母さん・お父さんとのきずなをつくっていきます。赤ちゃんや幼い子にとって、抱っこほど、心地よくて、安らぐものはないのでしょうね。

「抱っこ！ 抱っこ！」とあまえてくるときは、抱っこしてあげてください。けれ

ど、いつも抱っこしているわけにはいきませんね。がまんをしてもらうこともあります。そういうときは、今は抱っこできないことを伝えて、わかり合えるようにしたいものです。用事がすんだら、「さっきは、おりこうだったねえ」と、いっぱい抱っこしてあげてください。今、がまんをすれば、あとで受け入れてもらえることがわかっていれば、子どもはがまんをすることができます。

おんぶ

首がしっかりすわるころになると、おんぶができるようになります。それにしても、親と子の関係の研究をしている世界の多くの人が、お母さんの背中にぴったりと背負う日本流おんぶは、とてもよいと言っています。お母さんの背中のぬくもりが赤ちゃんに伝わり、温かいお母さん像が心に取りこまれていきます。

なにより、おんぶしながら仕事ができるのがいいですね。子どもの体重が増えてくると、肩で受け止めるリュック型おんぶは、肩こりがひどくなったりします。子どもの体重を肩と胸で受け止める、胸で十文字に支える型がよいでしょう。おんぶをして外出するのは、はずかしいかもしれませんね。でも、近所への買い物のときくらいは、よいのではないですか。古風ですけど、しっかり、お母さんらしく見えますよ。

でも、人で混雑するところでは思わぬ危険がありますから、前に抱っこするのがよいでしょう。抱っこひもやスリングを使うときは、いざというとき、赤ちゃんを支えられるようにしてください。両手に荷物を持っていて転倒すると危険です。荷物がたくさんあるときは、ベビーカーの利用もいいですね。

添い寝

子どもは、お母さん・お父さんといっしょの布団に寝るのが好きです。お母さん・お父さんのからだの温かさが子どもに伝わります。お母さんのふところにはいるように丸くなるのは、子宮の中にいた胎児のころの感覚もあるのかもしれません。

子どもが自分から、「これからは、ひとりで寝る」と離れていくまでは、いっしょに寝てあげてください。大きくなっても、子どもが望むときは添い寝をしてあげましょう。学校で何か、友だちと何か、あったのかもしれません。

子どもがひとりで寝るのを望んでいるのに、お母さん・お父さんがいっしょに寝ようとするのは、子どもの独立心の成長を損ないます。

お風呂

赤ちゃんは、お母さん・お父さんといっしょにお風呂にはいりますね。赤ちゃんにとってお風呂の心地よさは、お母さんの子宮の羊水に浮かんでいたときの安心感でしょうか。赤ちゃんを過ぎて幼児期になっても、いっしょにお風呂にはいることを喜びます。幼い子とのコミュニケーションにもなります。

ところで、カナダやドイツの国際学会で、私たちが「あまえ子育て」についての研究発表をしたときのことです。ヨーロッパの人たちが、お父さんが女の子といっしょにお風呂にはいっている写真を見て、驚き、「ヨーロッパでは性的虐待になる」と言われ、私たちも驚きました。

ヨーロッパでは、お母さんと男の子、お父さんと女の子がいっしょの布団に寝ることも性的虐待になるそうです。同性の親と子でも許されないことだそうです。欧米では、親と子の境界線をしっかりと守るからです。

さて、私たちの国の場合。子どもが、親との入浴に満足すると、ひとりで、あるいは、兄弟、姉妹との入浴を望むようになります。心のきずながつくられ、愛情たっぷりに育てられている親と子のあいだに、私の経験や調査からは、性的問題がおきた事例はありません。

私がかかわりを持っている児童養護施設では、ひどい虐待を受けて育ち、人との関係が持てなくなった子どもで、本人が望むとき、〝あまえ療法〟として、保育士（小学校中学年以上は同性）が、いっしょに入浴することがあります。入浴しながら、じゃれてきたり、あまえてきたり、その効果は目に見えるものがあります。そこでは、その子は赤ちゃんや幼いころに返っているのです。赤ちゃんや幼いころにできなかったことを経験し、〝育ち直し〟をしているのです。

いっしょに遊ぶ

ある、春の暖かい日。乳児院に所用がありました。庭で、保育士がふたりの二才児と遊んでいます。ふたりはキャッキャッと言いながら走りまわり、そのうち、滑り台の上にのぼっていきました。保育士は「あぶないよ！」と言いながら、自分も滑り台の上にのぼって、ふたりの手をにぎりました。保育士が手を離すと、じょうずに滑りおりました。ふたりのあとから、保育士も「わー！」と言いながら滑りおりました。ふたりは葉っぱを持って水たまりにはいり、水のかけ合いを始めました。

『ふれあってあそぶ』
童話館出版編集部／編・著
黒岩順子／イラスト
童話館出版

保育士は「こらこら！　きたないよ！」と言いながら、笑って見ていました。子どもたちは葉っぱを保育士に投げ、また滑り台のほうに走っていきました。

保育士に声をかけました。「子どもは外にでると、活き活きとします。おもちゃがなくても、土で、葉っぱで、水たまりで、楽しそうに遊びます。子どもは遊びの名人です。けがをしないようにと気を配っていますけど、子どもとこうしていると、すごく楽しいです。〝育てている〟という感覚はありません。いっしょに遊んでいます。私も子どもです」

幼児期の子どもは、ひとり遊びで自分の心を深めていきますが、人と触れ合って遊ぶのも好きです。子どもが、自分から遊びの道具を持って、また、「何かして、遊ぼう」と望むときは、親も子どもの心になって、いっしょに遊びましょう。〝子どもの心になって遊ぶ〟というのは、結構、むずかしいものです。得手《えて》、不得手《ふえて》もあるでしょう。それでも、おおいに、子どもになりましょう。ぎこちなくてもいいのです。ぎこちなさのくり返しが、あなたを子どもとの遊びじょうずに育てていくでしょう。

でも、いつもいつも、幼い子と、室内や、屋外でも、楽しく遊ぶのはむずかしい

『子どもとたのしむ 101 のあそび』
童話館出版編集部／編・著
長谷　康／イラスト
童話館出版

ですね。そんなときは、赤ちゃんや幼い人との遊びを紹介する本を活用しましょう。また、折り紙やあやとりなど、私たちの国の伝承遊びは、そのなかに、すぐれた知恵を包みこんでいます。特別の準備も必要でなく、身のまわりのものを活用しての遊びも、楽しいものがいろいろあります。

そうやって遊ぶときは、親は遊びのセッティングをしますが、あとは、うまくリードしながら、子どもがしたいように、自主性を尊重して遊びましょう。

いっしょに歌う・わらべ歌をうたう

「いっしょに歌う」、にはふしぎな魅力があります。歌の本をひろげて、童謡や唱歌を、子どもと声を合わせて歌っていると、文字どおり、歌声が響き合い、歌声といっしょに心も響き合っているように感じられます。

特におすすめは、わらべ歌です。保育園や幼稚園で、歌ったり遊んだりしたことがある人もおられるでしょう。私たちの子どものころは、庭先や原っぱで、わらべ歌遊びをしていました。何人かで手をつないだ列を二列つくり、向かい合ってたがいに歌いながら、歩み寄ったり、うしろにさがったりしながら、「あの子がほしい」「あの子じゃわからん」「……」とくり返して、楽しいなかにも、最後まで自分の名前が呼ばれなかったらどうしようと、ドキドキしたり。（「はないちもんめ」）

『わらべうた遊びのなかには、ルール性のあるものが少なくありません。幼児はそのような遊びを通して、自分の役割を知り、「待つこと」、「譲ること」、「がまんすること」を自然に学びます。いえ、「学ぶ」というよりも、「子どもの心と身体を解放させる」と言ったほうがよいかもしれません。わらべうたでは、自分の声も相手の声もよく聞かなければ歌えませんし、相手のふるまいを考えなければうまく遊べません。もちろん、それには、大人の助けも必要でしょう。幼児期に、わらべうたで十分遊んだ子どもは、音楽的に美しく歌うことの大切さを自然に習得していくばかりでなく、人間としても豊かに成長していくことでしょう。母乳やミルクが赤ちゃんに必要なように、また、バランスのとれた食事が幼児に必要なように、わらべうたは、子どもたちの心の成長になくてはならないものなのです。』

（**『子どもとうたう　うたのえほん　はないちもんめ』**あとがきより／
慶應義塾大学言語文化研究所 教授　西山志風）

『子どもとうたう うたのえほん　**はないちもんめ**』（CDつき）
広野多珂子／絵　西山裕子／うた
童話館出版

絵本を読んであげる

子どもは、お母さんのひざに座ったり、お父さんのあぐらにはいったり、寝るとき布団の中で、いつでも、どこでも、絵本を読んでもらうのが好きです。お母さん・お父さんも、子どものころに絵本を読んでもらったことがあれば、それが心の物語り写真となって浮かびあがり、子どもにも絵本を読んであげようとするでしょう。

絵本を読んであげ、読んでもらうことで、心が響き合います。子どもは、お母さん・お父さんと、絵本の物語りの世界を分かち合えていることを感じています。

どのようなＤＶＤをいっしょに見ても、このような心の響き合いはおきません。何才になっても、絵本を読んであげることを大切にしましょう。

散歩

子どものペースに合わせて、目的のない散歩もいいものです。抱っこで散歩。おんぶで散歩。ベビーカーで散歩。おててつないで散歩。うららかな日差しのもと、雨の日でも、のんびりと、見えてくるものを楽しみながら、お話しながら。

幼い子と室内に閉じこもってばかりいるのは、ときに、息苦しくなってきますね。

それに、子どもが、なにやら、ぐずっていると、親もいらいらしてきます。そんなときは、「お外に行くよ！」と、子どもに声をかけましょう。散歩のしたくをして、玄関から一歩外にでるだけで、たちまち、親も子も気持ちが切り替わります。

お天気がよければ、おやつや絵本を持っていくのもいいですね。公園のベンチや石段に座って、目の前の風景をながめながら、おしゃべりをし、おやつを食べて、そして絵本を読んであげる…。日常から少し離れた、そんな特別な時間は、親と子の心をやわらかく溶け合わせます。

ベビーカーでの散歩のときは、赤ちゃんは地面に近いところにいるため、冬には寒さに、夏には熱中症に注意しましょう。

形から…ということも

皆さんは、よくおわかりと思いますが、この章でご紹介してきた抱っこやおんぶなどは、ただ、形だけ、抱っこしたりおんぶすればよいというものではありません。子どものからだといっしょに、心を抱っこする、心をおんぶすることを思っていてください。自分の心と子どもの心を重ね合わせるようにして、抱っこし、おんぶするのです。

けれど、「私には、子どもと心を重ね合わせて、抱っこするなど、うまくできそうもない」と、思い悩む方もおられるかもしれません。でも、だいじょうぶです。まずは、形だけでいいですから、抱っこしてあげましょう。おんぶしてあげましょう。おや、先ほどとは違うことを言っている、と思われるでしょうか。そうなのですが、ものごとには、〝形からはいる〟という方法もあります。茶道や伝統芸能などにはそのことが取り入れられています。あまえ子育ても伝統芸能のように、〝形からはいる〟ことがあってもいいのです。

ともかく、子どもをつかまえては、抱っこしましょう。最初はちょっとのあいだ、抱きしめるだけでいいです。子どもはいやがるかもしれません。でも、それは、ほんとうにいやがっているのではありません。驚いているのです。「お母さんがこんなことをするなんて。それに、これって、なんだ?」と。確かに、ふだんから抱っこされていない子どもは、保育園などでも、自分のからだに触れられることを、とっさにいやがることがあります。それは、自分のからだに触れられるのに、生理的な違和感を感じてしまうからですね。

それに、意を決して、子どもを抱っこしようとする親の心のぎこちなさが、子どもに響いて、子どももぎこちなさを感じ、とまどっているからでもあるでしょう。けれど、「あなたを抱っこしたいの」というお母さんの心も子どもに響きます。

かまうことはありません。子どもがいやがって、親の腕からすりぬけても、次の機会をとらえて、また、抱っこしましょう。今度も、すりぬけていくかもしれません。けれど、くり返しているうちに、子どもは、次第に、受け入れの姿勢を見せてきます。それはそうでしょう。本来、子どもにとって、お母さんに抱っこされるのは、このうえもないほどの安心であり、喜びなのですから。

こうして、まだ少し、子どもにも、どことなくぎこちなさが残っていますが、それでも、お母さんと、ぴったり、くっついている快さを感じはじめています。子どもの快さは、親にも響いてきます。そして、親も、子どもを抱っこするのは、なんとも快いことに気づいていくでしょう。親が、子どもを抱っこする快さを感じていれば、もちろん、その快さは子どもに響きます。つまり、快さの、親から子へ、子から親への循環です。ですから、だいじょうぶ、なのです。

では、もう少し多面的に、〝だいじょうぶ〟の背景を探ってみましょう。それが、次の章です。

第6章

子どもを
あまえさせられないと
悩むあなた

1、少し強張《こわば》っているかもしれない心をほぐしてみる

できるだけ、ゆったりとした気持ちを

一日中、お母さんと赤ちゃん、お母さんと幼い子のふたりっきりでいる家庭も多くなったようです。お母さんにとって、赤ちゃんや幼い子はかわいくて、宝物です。でも、ときに、お母さんを混乱に追いやることもあります。

まずは、できるだけ、ゆったりした気持ちを持てるように、そのように気持ちを切り替えてみましょう。「ゆったり、ゆったり」と、自分に言い聞かせることも効果があります。声にだして歌をうたってみる、子どもがぐずりだしたら絵本を読んであげるなど、ほどよい気分転換を心がけましょう。

でも、どうしても頭に血がのぼりそうになったら、子どもと距離をとって別室などに移動し、ひと呼吸、気持ちを鎮《しず》めて、子どもと向き合ってみましょう。

赤ちゃんが泣くのは、あたりまえです。赤ちゃんは、いやなこと、満たされないことだけで泣いているのではありません。泣くのが快くて泣いていることもありま

す。それに、泣くことで肺の機能などを高めています。それでも、赤ちゃんが泣きやまず、どうしてよいかわからず、自分も泣きたくなったら、赤ちゃんといっしょに泣いていいのです。いくらか気持ちも晴れるでしょう。泣きたくなってしまう自分を情けない……などと、思うことはありません。

また、お母さんが泣きたいような気持ちになっていたり、泣いていると、赤ちゃんも泣きだすことがあります。きっと、お母さんの泣きたい気持ちを感じたのです。赤ちゃんといっしょに泣けるお母さんには、赤ちゃんとのあいだに心の響き合いがあります。

大切なのは、子どもにだけ気持ちを占領されてしまわないことです。赤ちゃんや幼い子のお世話の合い間に、お母さんも、ほっとする時間をつくれるといいのですが……。お父さんはもちろん、お願いできる人に、少しのあいだだけでも、赤ちゃんや幼い子の相手をしてもらうようにしましょう。

人とつながる、地域とつながる

昔はというと、敬遠されるかもしれませんが、それでも、そんなに昔でないころは、おじいちゃん・おばあちゃんとの三世代がいっしょに生活し、お母さん・お父さんが忙しくても、誰かが子どもの相手をしてくれたものです。

隣り近所の人たちも子どもの面倒を見てくれて、お母さんに怒られても、おばあちゃんや隣りのおばちゃんが、「ごめんなさいと言ってあげるから、次から怒られないようにしなさいね」とフォローしてくれました。お母さんは、両親や先輩お母さん、地域のお年寄りから、子育ての術《すべ》を教えてもらいました。

それでも、良いことばかりではなく、嫁・姑《しゅうとめ》の関係や隣り近所とのおつき合いで、お母さんがつらい思いをすることや、跡継ぎのことなどで、両親とのあいだに軋轢《あつれき》を抱えることもありました。それに、お母さん・お父さんが、自分の考えで子育てをしにくかったということもあります。

今では核家族が多くなり、隣り近所とのおつき合いもなく、親だけで子どもを育てている人もおられるでしょう。なかには、子育てへの指針を持てないでいるか、育児書、育児雑誌、インターネットの子育てサイトなど、情報の洪水に飲みこまれるようにして、子育てをしている人も多いように思います。

子どもを育てるにあたっては、人とのつながりを大切にし、子どもを仲立ちに、新しい人とのつながりをつくっていくようにしてはいかがでしょう。子育ての悩みや喜びを語り合うことができますし、なにより、親も、子育てをとおして出会った人たちとともに、成長していくことができます。

でも、ただでさえ、人とのかかわりが薄くなっているところに、ケータイ・メールやSNS（ソーシャル・ネットワーキング・サービス）の多用や依存によって、人との直接のつながりがますます少なくなっています。いろいろな工夫をして、人とかかわり合える場を見つけましょう。

たとえば、自治会に加入するというのはどうでしょう。当番や役員を引き受けて、赤ちゃんを抱っこしながらご近所を訪ねていると、「まあ、かわいい赤ちゃん」と声をかけてもらえて、赤ちゃんを仲立ちに話もはずみます。そうやって、地域とつながることで、人と人とに包まれて、見守られて、子育てをしている安心感も生まれてくることでしょう。

また、自分に合った、自治体の子育て支援機関や、NPOなど民間の子育て支援グループを見つけて、でかけてみるのも良いことです。自分の住んでいるアパートやマンション、ご近所には出会いがなくても、「あなたとあなたの子どもとの出会いを待っている人が、どこかにいる」……。そう信じて、人とつながることをあきらめないでください。

今、抱えている悩み

生きて、生活をしていれば、誰しも程度の差こそあれ、何かしら悩みを抱えているものです。人によっては、その悩みに、心身ともに押しつぶされそうなこともあるでしょう。そんなときは、子どもへの寛容な気持ちも弱まりがちです。子どもがあまえてきても、自分の悩みに気をとられていると、うっとうしく思ったり、怒ったりしてしまいます。やむを得ないことですね。怒ってしまったら、「ごめんね」と抱っこして、そのときのぶんまで、たっぷり、あまえさせてあげてください。

お母さんが、いつも自分の悩みに支配されていると、お母さんの憂鬱《ゆううつ》な心と、子どもの心が響き合って、子どもにも憂鬱な気持ちが伝わります。それがつづくと、子どもの性格にも影響を及ぼしかねません。悩みが頭から離れないときは、子どもといっしょに遊んでみるのはいかがでしょうか。子どもとの遊びに熱中していると、気持ちもまぎれ、つらい心や悩みも、少しずつ、あなたから遠ざかっていくことでしょう。それでも、そんなことがつづくときは、信頼できる人に相談してください。

そして、いつもお母さんのそばにいて、声なき声でお母さんを応援しているのは子どもです。そうやって、自分を励ましながら、子どもに励まされ、子どもと笑い合っているうちに、心もほぐれて、悩みの解決への糸口も見えてきたりするでしょう。

2、子どもの心の声に耳を傾ける

子どもの気持ちを推《お》しはかってみる

あまえてくる、そんな子どもの気持ちを推しはかってみてください。何かで、不安な思いをしているのかも。なんとなく、さびしくなっているのかも。お母さんに自分のほうを向いてもらいたい気持ちなのかも……。

それに、もしかすると、子どもは意識せずに、親の愛情を確認しようとしているのかもしれません。それは、私たち親が、子どもから愛情を試されているともいえますし、子どもにとって、親の愛情は、そんなふうに確認しておきたいほど、かけがえのないものということでもあります。

それは、その子が親の愛情に不安を感じているということだけではありません。どんなに愛情をかけられていても、子どもは親の愛情に欲張りなのです。そんな子どもの気持ちをわかってあげてください。

自我《じが》のめばえと反抗期

一才くらいまでは、身体的にもお母さんにくっついていますが、一才六か月から二才くらいにかけて自我がめばえてきます。自我のめばえとは、自分がこうしたいという意志がめばえることです。それまでの、親への依存が主だった状態から、自分で自分をつくろうとしていきます。

たとえば、それまで、ご飯をお母さんからスプーンで食べさせてもらっていたのを、手づかみで食べようとします。食べるという、いちばん魅力的なことを、自分でしようとしているのです。すると、お母さんは、「そんな行儀の悪いことを！」と、叱ったりしがちですね。そんなときは、「いよいよ、自己主張がでてきたな」と思って、少々はおおめに見てあげましょう。

また、もう少しすると、わがまま、いたずらがひどくなって、気に入らないことがあると、物を投げたり、ひっくり返って泣いたりします。「いや！ いや！」を連発して、親を困らせます。自我のめばえの発展です。これが反抗期です。反抗という形で、自分を主張できるのは良いことです。このような、子どもの自我の現れを、お母さんがむやみに抑えていると、大きくなってからも、お母さんの顔色をうかがい、お母さんの暗黙の意志にあやつられるような子どもになりがちです。

このことをわかっていないと、子どもの自我の現れ、つまり、反抗期の言動に振りまわされて、お母さんは、いらだち、怒り、それが体罰や虐待へとエスカレートするおそれがあります。そんなときは、親としての器を少し大きくして、「やれやれ、また始まったわ」くらいの気持ちで、つき合っていきましょう。

「こっち見てよ！」行動

子どもは、わけもなくだだをこねたり、わざと悪いことをすることがあります。そのとき、親が忙しくしていたり、心配ごとがあったりすると、イライラして、思わず、子どもを大きな声で叱ってしまいます。

でも、それは、お母さんを自分に引きつけようとしているのです。何に限らず、親を困らせる行動は、子どもが親の心を自分に引きつけようとしているのでしょう。子どもは、お母さんにいつも見ていてほしいのですね。また、そんなときは、子どもに、何か不安な気持ち、さびしい気持ちがあるのかもしれません。

「この子って、どうして、こんなに…！」と、怒りが湧きあがってきそうになったら、ひとまず、大きく息を吸いましょう。深呼吸ですね。すると、少し、怒りの勢いが弱まります。そうやって、自分の高ぶっている感情をなだめながら、泣きわめいている子どもの顔を、しげしげと見つめてみてください。

まあ、泣き濡れている瞳の、なんて大きいこと。この子が生まれて、初めて、私を見つめてくれたとき、その瞳の愛らしさに、母親になった喜びを覚えたんだった。そうそう、つらい陣痛を乗り越えて、この子の産声《うぶごえ》を聞いたときの、なんともいえない感動。やわらかくて、はかなくて。お乳やミルクをたっぷり飲んだあとの満ち足りた表情。言葉をかけてあやすと、にこにこと笑って、からだじゅうで喜びを見せてくれた。初めて寝返りをしたとき、ハイハイをしたとき、つかまり立ちをしたとき、一歩二歩と踏みだしたとき、どんなにうれしかったか。そうよ、かわいかったのは、赤ちゃんのときだけじゃないわ。この前だって、お父さんと仲よく留守番していたのに、私の顔を見たとたん、何もかも放りだして、抱きついてきたじゃない。そういえば、今、目をいっぱいに見開いて泣いている顔は、あのときの顔に、ちょっと似てるわ。あれ、私って、どうして、こんなに怒っているのかな。

待ちに待って生まれてきた子どもであればもとより、そうではないような事情で生まれてきた子どもであっても、あなたがこの子の母親になったことに違いはありません。そして、この子を育てているうちに、あなたのからだの奥から湧きでてくる、子どもへの愛しさにも、違いはありません。いずれにしても、この子は、あなたがいなければ生きてはいけないのです。あなたに頼りきって、あなたにどこまでも愛されたくて、そのために、今、こんなに泣きわめいているのです。

そんなことを思っているうちに、子どもの涙といっしょに垂《た》れている鼻水が気になってきましたね。「はいはい、ちょっと、こっちにおいで。鼻をちんとするよ」

その子のありのままを受け入れる

親には誰しも、子どもへの期待のようなものがありますね。ぼんやりとした期待、具体的な期待。でも、それがあまりに強いと、子どもは負担に感じるでしょう。そして、その期待は、たいてい、他の子どもとの比較のなかで現れてきます。おむつがとれた、歩きはじめた、言葉を話しはじめた、学校の成績…などですね。また、「何

才までには、これができるようになります」と育児書や育児雑誌にあると、それと比較して、「うちの子は…」となりがちです。

そのような目で見られていると、子どもは、親の前で緊張し、萎縮《いしゅく》します。そうなると、子どもは、ほんとうの自分をだすことができません。あまえることにも、子どもなりの遠慮があるでしょう。しかも、子どもをそのような目で見ていると、親自身の気持ちが不自由になっていくでしょう。

子どものなかに、「自分のありのままを受け入れられている」という思いがあれば、自己肯定感が育ちます。自己肯定感がある子どもは、自ら前へ進んでいくことができます。そうやって、親の期待にも、それなりに沿うようになっていくのではないでしょうか。

その子にはその子の、成長のペースがありますし、その子の個性もあります。なんでも早くにできるから、なんでも器用にできるから、すぐれているというわけではありません。ゆっくり、じっくりと成長していく子どももいます。私たちの国には「大器晩成《たいきばんせい》」という格言があります。そのくらいの気持ちで、子どもと暮らしていきましょう。子どもが生まれる前の「健康でさえあれば」という思いが、親の、子どもへの思いの原点です。そのことを忘れないようにしたいものですね。

小さなうそを受け入れてみる

子どもの小さなうそには、三つのパターンがあるように思います。

ひとつは、現実と空想の世界を自由に行き来できる特権ゆえの、うそです。それは、幼い子にとっては、うそではなく、ある意味で現実のできごとなのです。そのようなうそには、親も、現実と空想の世界を自由に行き来して、子どもの小さなうその世界を楽しみましょう。そうやって、子どもの世界へ、お客さんになって訪ねてきてくれたお母さん・お父さんは、同じ世界の仲間です。子どもは、仲間には最大の敬意をはらうでしょう。親も子どもの世界のお客さんになって、子どもといっしょに遊びや冒険を楽しむうちに、自分の気持ちが解放されていくのを感じるでしょう。

ふたつめは、意識されている小さなうそです。そのような小さなうそは、すぐにわかります。それでも、子どもには、うそを言いたくなった事情があるのです。親からすれば、「なんだ、そんなこと?」ということでも、きっと、子どもにとっては一大事なのです。その一大事から自分を守るために、小さなうそが必要だったのです。親は気づかないふりをして、子どもの小さなうそを受け入れてあげましょう。

それは、子どもの、小さなうそに託された、あまえを受け入れることでもあります。それに、いずれ、子どもは「お母さんは、自分のうそを知っていて、知らないふりをしてくれている」ことに気づきます。そのときの、子どもの心にひろがる親への感謝と信頼を思っていましょう。

三つめは、明らかなうそです。自分を偽《いつわ》り、責任を逃れようとする、人に迷惑をかけるうそは、頭ごなしに怒るのでなく、よく言い聞かせて止めなくてはいけません。でも、子どものうそを、「うそをつくような子どもに育てた覚えはありません！」と、つきつめるのはやめましょう。もっと巧妙《こうみょう》なうそになっていくおそれがあります。「あなたはお母さんの大切な子どもだから、うそをつくのはやめようね」と、子どもの目を見つめて、抱きしめて、落ち着いた言葉で諭《さと》しましょう。お母さんの願いが、お母さんのからだのぬくもりといっしょに、子どもへ伝わります。

それに、「うそをつくような子どもに育てた覚えはありません！」と子どもに言いきれるほど、私たちも正直さだけで生きてきたわけではありませんものね。そういうことも、ちょっと思っていたらいいのではないでしょうか。

待ってあげる

お母さんは、いつも忙しくしていますし、そうでなくても、私たちは何かに追い立てられるように毎日を過ごしていますね。子どもへの「早く、早く」が口ぐせのようになっていませんか。靴をはくのに手間どっていると、イライラしたり、お母さんが手をだして、靴をはかせることもあるでしょう。

大人から見れば、「どうして、そんなことに、そんなに手間をとるの」と思えることも、幼い子には、うまくできないことがあるのです。それに、たぶん、少しは、あまえの気持ちもあったりするでしょう。よほど急いでいなければ、親としての余裕を見せて、待っていてあげましょう。


人間が、赤ちゃんから子どもへ、子どもから大人へと成長するようすは、まるで、一本の木が、芽をだして、苗木になり、やがて、葉を繁らせる大きな木に成長するのに似ています。そのとき、木の芽がでたから、苗木になったからといって、早く成長するようにと、芽を引っ張ったり、苗木を引きあげるようなことは、誰もしません。木は木の定めによって成長するのですし、なにより、むやみに引っ張ったりすると枯れるのがわかっています。

人間も、生きものとしての定めによって成長していきます。日常の生活においてもそうですが、早期教育などで、その定めをむやみに引っ張ってはいけません。しぜんに、定めにしたがって成長するのを待っていましょう。

3、自分のなかの物語り写真を見つめてみる

子どものころ、あまえたことがない

子どものころ、あまえさせてもらえなかった人は、自分の子どもがあまえてくると、自分が子どものころ、あまえられずに、がまんをしていたときの心の物語り写真が浮かびあがります。子どものころの自分と同じように、子どももがまんをしてくれるとよいのですが、（それはそれで、問題をはらんでいることは、これまで述べてきたとおりですね。）そうでないと、子どものあまえをどのように受け入れてよいのか、わからなくなります。

ですから、自分がそうだったように、子どもにもがまんを求めます。子どもががまんをしないと、自分の心に混乱をきたし、ときには、怒鳴る、たたくことになってしまいかねません。それは、子どものころ、親から怒られたときの心の物語り写真が浮かびあがり、その物語り写真に沿って、親と同じように自分の子どもを怒っているのです。

子どものあまえを、うまく受け入れることのできないお母さんは、子どものころ、あまえを受け入れてもらえずに、さびしくて悲しかった自分を、心のアルバムから取りだして、向き合ってみましょう。そして、「あのときは、さびしくて、悲しかったね」と、子どものころの自分をいたわってあげてください。涙があふれてくるかもしれません。その涙は、新しい自分になろうとするあなたへの、はなむけです。そうやって、自分と向き合うことで、今の自分がわかってきます。自分をどう立て直していけばよいかも、見えてくるでしょう。

スイスの児童精神科医・クラメールは、「母親は、自分の子どもを育てながら、もう一方で、子どものころの自分自身を育て直す」と言っています。

楽しかったときの心の物語り写真

子どものころは、さびしかった、悲しかった、というあなたでも、心を澄ませてみると、きっと、お母さんやお父さんとの、楽しかったときの心の物語り写真が浮かびあがってきます。たとえ、あなたの親が、あなたが思うような〝ひどい親〟だったとしても、ともかくも、あなたが、今のあなたとして生きているのは、親の、そ

のときどきの配慮や愛情があったからです。

いかがですか。心を澄ませたあなたに、お母さんやお父さんとの、「ああ、あのときはこんなことがあった。なつかしいなあ」「そういえば、こんなこともあった。うれしかったなあ」と、楽しかったときの心の物語り写真や、お母さんやお父さんに感謝をする心の物語り写真が浮かびあがってきませんか。

その心の物語り写真にも助けられて、あなたは、子どものあまえを受け入れ、そうやって、子どもと楽しく暮らしていくことができます。

子どもがあまえを教えてくれます

一才半のAちゃんとお母さんが、相談室にやってきました。

「Aは保育園で他の子をたたく、と言われ、心配です。Aはかわいいのですが、夕方保育園から帰り、夕食のしたくに追われているとき、足にしがみつくなどしてくると、家事ができないし、うるさくて腹が立ちます。ですから、ベビーベッドに入れます。Aはひどく泣いて、ベッドの柵を持って揺すります。すると、また腹が立ち、怒鳴ったり、たたいたり、つねったりします。いけないと思えば思うほど腹が立ちます。私は虐待をしています。母親の資格がありません」

「Aを妊娠したときは、とてもうれしく思いました。出産後は、Aをよく抱っこし、懸命に育てました。一年間の育児休暇をとりました。Aの発育も順調で、夫もやさしくて協力的で、楽しい育児ができました。Aが一才になり、保育園にあずけて職場復帰をしました」


私の前で、Aちゃんはお母さんのひざに座ったり背中におぶさったりしています。

「お母さんは虐待していると言われるけど、Aちゃんはお母さんが大好きのようですよ。お母さんは、子どものころ、ご両親にかわいがられたのでしょうね」

「私はひとりっ子です。二才のとき、父母が離婚しました。父親の思い出はありません。父親はお酒を飲み、だらしない人だったと、母親から聞いています。保育園、小学校のころは、母親は仕事に追われ、母親が帰るまで、近くに住む、しつけのきびしい祖父母の家にいました。母親のしつけもきびしく、怒鳴られ、たたかれたこともあります。保育園のころから、ピアノなどの教室に通いました。小学四年生から学習塾にも通いました。母親にあまえた思い出がありません。さびしさをがまんしていたと思います。


私は、おりこうで、よく勉強し、良い成績でした。勉強にもきびしく、こわい母親でした。中・高一貫校から大学へ進学。卒業後、公務員になりました。今、考えると、私は、母親に認めてもらいたくて、必死に勉強していたと思います」

「私はさびしい思いをして育ったので、Aにはそんな思いをさせないようにと、話しかけ、抱っこ、おんぶをし、スキンシップに努めてきました。でも、保育園に通うようになってから、Aのかき回す行動がひどくなり、そのたびに怒鳴りつけ、たたくようになりました。忙しい夫ですが、家ではAの相手をしてくれます」

私は話しました。「Aちゃんは、赤ちゃんのころ、お母さんにのびのびと育てられたので、一才を過ぎるころになると活発になり、〝のびのび〟とかき回すようになったのです。Aちゃんの保育園での乱暴な行為は、大好きなお母さんから離れ、さびしくて、イライラした気持ちの現れでしょう。あまえがはげしいのも、同じ原因です。保育園から帰ると、昼間のぶんもお母さんにあまえて、心を満たそうとしています。お母さんは、子どものころ、あまえを受け入れてもらえていないから、Aちゃんのあまえをどのように受け入れたらよいか、わからなかったのだと思います。おんぶをしてやれば、Aちゃんも満足するし、お母さんも台所仕事ができるから、落ち着くと思いますよ」

保育士に連絡をとり、保育園でのAちゃんのあまえを全面的に受け入れてもらいました。他の子をたたいたときは、抱きしめて言い聞かせ、止めてもらいました。また、保育士には、お母さんの苦労をねぎらい、温かく励ましてもらうよう、お願いしました。Aちゃんは、保育士に、抱っこ、おんぶなど、ひどくあまえるようになり、他の子をたたくことはなくなりました。おんぶに拒否感のあったお母さんも、徐々におんぶに慣れてきました。最初、Aちゃんもおんぶをいやがりましたが、お母さんがおんぶに慣れるにつれて、Aちゃんも喜ぶようになりました。お母さんは、Aちゃんが保育士にあまえているようすを見て、少しずつ、Aちゃんのあまえを受け入れられるようになりました。

四か月後、「Aがあまえてくると、とてもかわいくなりました。私も子どものころ、こんなにあまえたかったのに、母はあまえさせてくれませんでした。そんな母なのに、孫のAをすごくかわいがるのです。なんだか腹が立ちます」

その後、来室ごとに、自分の母親への怒りをさまざまに話しました。

六か月後、「母が、ときどき、Aをあずかってくれるから助かります」と言い、母親への怒りや不満の話はあまりしなくなりました。

「おばあちゃんは、お母さんが子どものころ、いろいろな事情で、楽しみながらの子育てができなかったので、Aちゃんをかわいがることで、今、子育てのやり直しをしているのでしょう」

「そうですね。そういえば、私も、たまに、母親に絵本を読んでもらった思い出があります」そして、このように言いました。

「はずかしいんですけど、私は、ときどき、夫に飛びついて、抱っこやおんぶをしてもらいます。ときどき、抱っこしてもらって、布団に寝かせてもらいます。夫は、やさしく受け止めてくれます」

お母さんは、夫の前で赤ちゃん返りをして、あまえて、心のつくり直しをしていることを、ニコニコと、いくぶん、はにかみながら話してくれました。

七か月後、「母は、ひとりで、貧しいなか、私をよく大学まで行かせてくれましたよね。私が母の立場だったら、そこまでできなかったと思います」

その後、Aちゃんのあまえを受容できる、明るいお母さんになりました。Aちゃんの、お母さんをかき回す行動や、保育園での乱暴な行為もなくなりました。

子どものころ、あまえを満たされず、母親との愛着障害を持ち、そのことで子育ての混乱をおこしていたお母さんは、自分の心の安全基地である夫に、赤ちゃん返りをしてあまえ、私に子どものころのつらかったことを話すことで、そして、Aちゃんのあまえを受け入れることで、自分の子どものころの、つらかった心の物語り写真を、和《なご》やかな物語り写真に置きかえることができました。

ある日、３才の子どもといっしょに、お母さんが相談にこられました。「私は、子どものころ、親から虐待を受けています。今は特別な問題もなく、この子を育てていますが、そのうち、私もこの子を虐待するのでしょうか」と言われます。

虐待についての本に、「親からの虐待を受けて育った子どもは、母親になって、自分の子どもを虐待する危険性がある」と書いてあって、心配になったのだそうです。でも、お母さんの、子どもへの接し方はとてもしぜんで、子どもも、のびのびと育っているのが感じられます。

きょうだいの世話

３人きょうだいの長女であるお母さんは、子どものころ、８才下の弟を、抱っこ、おんぶ、おむつ替え、お風呂入れ、添い寝など、よくお世話をしたそうです。今でも、その弟が特別にかわいいと、顔をほころばせて言われます。お母さんは、親から虐待を受けましたが、生来のやさしさで弟を世話することで、自分がこうあってほしいと願う、やさしく温かい母親像を、自分自身で行うことができました。

このことは、もちろん、自分が母親になるときの心構えになっていますが、同時に、子どものころの、親から虐待を受けている自分への防御と癒しにもなっていたのだと思われます。

第７章

子どもへの
虐待と、
あまえ

ほどよい子育て

子どもにとって、すばらしいお母さん・お父さんとはどのような人でしょうか。

イギリスの小児科医であり精神科医のウィニコットは、「すばらしい親とは、子どもを前にして、すべてを忘れて子どもに接し、子どもとの世界を楽しめるお母さん・お父さん」と言っています。「この子を産んでよかった」「この子に恵まれてよかった」と思えるお母さん・お父さんの心が、子どもに伝わり、子どもも「お母さん・お父さんの子どもに生まれてよかった」と感じています。

また、ウィニコットは「完璧《かんぺき》な母親はよくない。〝ほどよい母親〟でなくてはいけない」とも言っています。母親が自分の理想とする子育てをめざすと、いつも緊張していることになります。その緊張が子どもに伝わり、子どもも緊張します。ほどよい子育てをめざすことで、適当に手ぬきができて、そのぶん、楽しみながらの子育てができます。その母親の心と響き合って、子どものびのびと育ちます。

理想とする子育ての70～80％が、最善の子育てです。

イギリスのウィニコットの言葉を紹介していますが、私たちの国ではどうでしょう。私たちの国では、母親のことを「おふくろ」と言ったりしますね。「おふくろ」

は「お袋」。子どもを袋で包みこむのに、きちきちの袋だと、子どもは身動きがとれないでしょう。子どもを包みこむ袋はゆとりのあるものがよいと思いませんか。私たちの、NPO法人「カンガルーの会」も、お腹の袋の中で赤ちゃんを育てるカンガルーにあやかって、名前をつけました。

誰しも虐待の芽を抱えています

「子どもをたたいてはいけないと思うのですが、子どもが言うことを聞かないと、手がでてしまいます。たたかなくなるようにするには、どうすればいいでしょうか」という相談が寄せられます。「どんな人にも、つい、手がでることがありますよ」とお答えすると、「そのように言ってもらったことがありません。どんなことがあってもたたいてはだめ。たたくのは虐待ですと言われました」

もちろん、子どもをたたくのは良いことではありません。たたかれた子どもの心には、恐怖はもとより、屈辱感のようなものが残ります。それでも、手がでてしまうことはあります。そんなときは、子どもを抱きしめて「ごめんね」とあやまりましょう。子どもはお母さんの心を感じ、そのことで自分を反省することができます。

そのようなことを何度かくり返しているうちに、虐待の芽はつみとられます。

でも、それが病的なほどにくり返されると、子どもは心に混乱をきたします。これは、ドメスティック・ヴァイオレンス（ＤＶ）においてくり返されるパターンでもあります。親は自制し、けじめをつけていくことが必要です。自分でもどうしてよいかわからないときは、早めに専門機関を訪ねてください。

それでも、このところ、頻繁《ひんぱん》に虐待の事件が報道されています。ほとんどのお母さん・お父さんは、「虐待なんて、自分には関係がない」と思われていることでしょう。でも、虐待は、子育ての混乱のひどい状態のことです。誰しも、その混乱に身を置くと、虐待の一歩手前くらいまでいってしまいかねません。

虐待は、虐待をする親の側からは、⑴身体的虐待、⑵精神的虐待、⑶性的虐待、⑷ネグレクト（養育放棄）に分けられます。

子どもの側からは、身体的外傷と心の外傷です。親から見て虐待とは思われなくても、子どもの身体《からだ》や心に傷が残るようであれば、それは虐待です。

子どもがのびのびとあまえられない環境で育つと、子どもの心に少しずつ傷が残ります。また、軽い心の傷でも癒されないで積み重なると（累積外傷）、本格的被虐待と同じような心の外傷になることがあります。

さらに、心の大きな外傷の原因は、家庭内の不和、ドメスティック・ヴァイオレンス（DV）、子どもの人格を無視した暴言、子どもの意志を無視した早期教育や習いごと、幼いきょうだいを残して夜に外出するなどの、配慮に欠けた行いです。それに、「でていけ・いらない」など〝切り捨て育児〟による心の傷も原因になります。

このような心の傷が癒されないままでいると、思春期、青年期に、何かの形で、その傷の膿《うみ》を吐《は》きだそうとする行動が生まれる心配があります。ひどい場合は、非行、犯罪、精神的混乱、発達障害に似た症状などとなって現れることがあります。

あのころの自分に語りかける

子どものころの虐待がトラウマ（心の外傷）となっていて、ときどき、気分が悪くなったり、パニックになり、つい、子どもを怒鳴ったり、たたいたりして、そのあと、自分を責めてしまうことがあります。

そんなときは、気持ちを落ち着けて、自分の心に向き合ってみましょう。そして、虐待を受けてつらかった、子どものころの自分を思いだしてみてください。子どものころの自分は、どんな顔をしていますか。悲しそうですか。こわそうにおびえていますか。そうでしょうね。そんな自分に、こう、語りかけてあげてください。

「あのときは悲しかったよね。こわくて、どうしようもなかったよね」

子どものころのあなたが答えます。

「うん、悲しかった。こわくてたまらなかった」

「でも、よく、がまんしたね。えらかったね」

「お母さんを、あのころの自分のように、思いっきりなぐってやりたい」

「そんなに腹が立ってたんだね。お母さんに負けてなかったんだね。強かったね」

「誰かに、やさしく抱きしめてほしかった」

「おいで。抱っこしてあげるよ」


想像の世界で、子どものころの自分と、今の母親となった自分との、良い心の響き合いのもとで、語り合うのです。語り合いながら、今の自分から、子どものころの自分へ、慰めと励ましの言葉を、たくさん、かけてあげてください。子どものころの自分を抱きしめてあげてください。そうやって、自分のなかの子ども(「インナー・チャイルド」ともいいます。)を、自分で育て直していきましょう。

スキルやテクニックによってではなく

ふつうの家庭のふつうの日々において、あまえが、どれほど親と子を温かく結びつけるものかを、これまで述べてきました。でも、不幸にして、虐待という親と子にとって最もつらい事態におちいっても、あまえの力は充分に発揮されることを、NPO法人「カンガルーの会」や子育て支援をとおして、私たちは経験してきました。

一般的な「虐待防止のための講習」では、虐待防止の方法として、親から子への行為や言葉かけなどの、スキルやテクニックを学ぶことが中心に行われているようですが、私は、そのようなことで虐待が防げるのだろうかと、疑問に思います。

親と子は心の響き合いの世界です。どんなに行為や言葉かけなどのスキルを活用しても、一時的に、あるいは表面的に収まっているように見えて、そこに心の響き合いがなければ、源《みなもと》から虐待をなくすことはできないと思います。

信頼できる人に話を聞いてもらうことも

子どものころ、つらいことがあって、そのことに、今もとらわれている人は、そのことを自分の心に留めずに、夫や妻に聞いてもらいましょう。もしかすると、相手もそうだったのかもしれません。たがいに聞き合ってみるのもよいでしょう。

また、信頼できる人、相談機関の人に話を聞いてもらうのも良いことです。話を聞いてもらえるだけで、気持ちがほぐれてきます。それに、「自分には、話を聞いてもらえる人がいる」と思えるだけでも、救われるものです。

人が悩みを相談するというのは、単に、悩みの解決策を示してもらおうとすることではないように思います。人は、悩みを相談しているように見えて、実は、意識しないところで、自分自身に相談し、自分と対話をしているのではないでしょうか。そうやって、いつしか、自分で解決策を見いだしていきます。

でも、そうなるためには、相談相手・聞き手に、相談する人の悩みを解決しようとするためのスキルや処方（薬物療法）だけではなく、相談する人への人間的な共感、温かさ、いたわりが感じられることが大切です。相談する人の悩み、苦しみをなんとかしてあげたいという、相談を受ける人の心が、やがて、相談する人自身による「解決」への道を開くのだと思います。それは、相談する人と相談を受ける人とのあいだの、心の響き合いによってです。子どもであれ、大人であれ、人が自らをつくり直していくときの原動力になるのは、人と人との心の響き合いではないでしょうか。

幼い子や子どもは、ぬいぐるみやお人形（ドールハウスもあります。）で遊ぶのが好きですね。そんなときの彼らは、自分が、ぬいぐるみやお人形の、お母さんやお父さん、お姉さんやお兄さんになって、お世話をしたり、あれこれ、言い聞かせをしたりしています。

それは、ひとつには、95頁の「きょうだいの世話」のように、そうやって母親像や父親像、家族像を身につけているのです。もうひとつには、いつも世話を受け、あれこれ指示されるばかり（もちろん、必要なことなのですが）の自分への慰めであり、抑圧感からの解放なのだと思います。ぬいぐるみやお人形の世話をやき、なだめたり、言い聞かせをすることで、いつも世話をやかれ、指示される自分から、ときには、世話をやいたり指示する自分になって、心の平衡《へいこう》をとろうとしているのです。

ぬいぐるみとお人形あそび

また、虐待を受けているような子どもは、ぬいぐるみやお人形に怒りを向けることで、自分の怒りや葛藤を吐《は》きだしています。そのような場面では、ひどく叱らないようにしましょう。

ですから、ぬいぐるみやお人形で遊ぶことは、子どもにとっては、自分を保っているための大切な行いです。どの家庭にも、子どもが巣立ったあとも、捨てきれないでいるぬいぐるみやお人形があることでしょう。それはそうですね。そのぬいぐるみやお人形は、あのころの子どもの分身といってもよいものなのですから。

第８章

あまえと
あまやかし。
あまえと
しつけ。

「あまえ子育てのすすめ」を語っていると、たいてい、「あまえとあまやかし」「あまえとしつけ」についての質問を受けます。
このことについては、保育士さんや、私といっしょに親と子のことにかかわっているNPO法人「カンガルーの会」の人たちの力も借りて、語り合ってもらいましょう。司会は、童話館出版の川端さんにお願いしました。

（座談会・高知市内にて）

どこまで、あまえを受け入れていいの？

川端　赤ちゃんや幼い子を育てている母親の皆さんに、「子どもをあまえさせて育てなさいと言われたら、どう思いますか」とたずねると、多くの人が、「あまえが大切なのはわかるけれど、どこまであまえさせればよいのかわからない」と言われます。
——親としては迷いますよね。でも、どこまであまえさせればよいのかを決めるのは、親ではなく子どもです。「あまえる権利は子どもにある」ということですね。子どもがあまえを求めつづけるのは、その子がまだ、あまえで満たされていないからです。子どもが充分と思えば、自分から離れていきます。

川端　子どもが満足するまで、あまえを受け入れてよいということですね？

澤田　基本はそうです。乳幼児のあまえは、どこまでも受け入れてよいのです。

――けれど、それも、子どもによって違いがあることがあります。この子は淡白で、わりに早く離れたけど、この子はあまえん坊で、いつまでもくっつきたがるということはあるので、一律にはできません。それも、その子が決めることです。一回抱っこしてもらって満足する子と、何度も抱っこしてもらいたがる子がいるように。

「今は、ここまで」ということも

川端　けれど、つねに、子どもが満足するまでというのは、きつくありませんか？

――そうですね、そのときの母親の状態というのもありますから。急いでいる、心配ごとがある、体調がよくないなど。そんなとき、「今は、だめ」「今は、ここまで」ということはあるでしょう。一度、ぎゅっと抱きしめてあげて、そうやって、子どもの願いを受け止めてから、言葉できちんと母親の気持ちを伝えれば、わかってくれると思います。

――子どもも、ここでがまんすれば、次はあまえられると思えますからね。

澤田　ここでも、「ほどよい」が大切でしょう。母親が無理をして、あまえさせても、子どもとの良い心の響き合いは生まれないでしょう。

——無理やがまんが高《こう》じてくると、ためこまれて怒りに変わったりしますからね。

——母親の皆さんには、その「ほどよい」の基準がわからないんですよね。

澤田　その人の性格にもよるでしょうね。そして、その人が、親にどう育てられたかにもかかわってきます。心の容量の大きい親に育てられていれば、その人の心の容量も大きいというように。

　子どもは親を選べないわけですから、「自分は、心の容量をあまり大きく育てられていないみたいだな」と思ったら、子どもの求めを、できる範囲で受け入れてあげればいいのです。そうしているうちに、徐々に容量も大きくなると思いますよ。

——それに、周りの人や子育て支援センターなどの人が、「お母さん、よくやってますよ」「そんなに、がんばらなくてもいいですよ」と、「ほどよい」という気持ちにしてあげるのも大切ですね。

川端　あまえについて、さらに、母親の皆さんがわからないと言われるのは、子どもが求めてくる〝順当〟なあまえをどこまでも受け入れることで、自分が求めるものはどこまでも適《かな》えられると思う子どもになるのではないか、ということです。

――親と子の境界線が守られていれば、それはないと思います。乳幼児期のあまえを充分に受け入れることで、子どもは自立へ向かう力を蓄えていきます。

――それに、子どものあまえを抑制していると、子どもは満たされないものを満たそうとして、別の行為を始めると思いますよ。

川端　あまやかし過ぎと思われてもですか？

――そうです。あまやかし過ぎと思うのは大人です。子どもは思いませんよ。

澤田　あまやかしは、子どもの問題のようですが、多くは親の問題です。

――Aさんの、あまえを受け入れる心の容量は大きくて、Bさんの容量は小さいとすると、BさんはAさんのことを、「あんなにあまやかして」と思うでしょうね。

――周りから、あまやかしって言われるから、ここまでにしとこうって、できる人も、抑えてしまうことがあります。

――朝、子どもと保育園へ行こうとすると、私と離れたくなくて、ぐずぐず言うんですね。それに、自分の荷物を持ってほしい、抱っこしてほしいと言うんですよ。それならそうしてあげていいわと、荷物を持って、抱っこして行くと、保育士さんが、「お母さんに荷物持たせて、抱っこしてもらって、いつまでも赤ちゃんみたいね」と言うんです。すると、子どもは、いけないことをしているみたいに思ってしまう。そんなときの、保育士さんからの言葉って、すごく微妙ですよね。

澤田 子どもの心のひだを感じとれるような保育士さんであってほしいですね。

―― これが、子どもの成長の次へのステップになるという、親の思いが確かでないと、周りからの言葉で揺れて、あまやかしているのではと、迷ってしまいます。

―― 保育の場では、自立が子どもの発達の基本なので、保育士のなかには、あまえを受け入れるのは、子どもの精神の後退だと思っている人が多いのです。保育の場で、子どもの自立というとき、そこに幻《まぼろし》の子ども像を見ているんですね。なんでも「はい」と言って、なんでも食べて、お友だちとは仲よく遊んで、みたいな。そこまで、子どもの心をしばってはいけませんね。

川端 〝自立というとき、そこに幻の子ども像を見ている〟というのは興味深いですね。それに、そのような幻の子ども像を見ているのは、保育の場だけではなく、家庭にもあるように思います。

―― ところで、母親の皆さんは、子どものどのような行動を受け入れることを、あまやかしではないかと思っているのですか。

川端　たとえば、食べものの好き嫌いがひどくて、好きなものだけ食べる。少食の子にきちんと食べさせようとするけれど、食べない。お腹がすいたからと、公共のバスの中でおやつを食べたがる。そういうことを受け入れていいのかな、と。

――それはみんな、親の側の問題ですね。社会的なルールや、子どもの育ちを考えるうえで、親として対応していかなければならないことです。

食べものの好き嫌いは、小さいときはよくあることですから、神経質にならなくてもいいのですが、それでも、気になれば、わからないように料理の中に仕込んで、おいしく食べさせて、「どう？ おいしかったでしょ。実はね……。えらかったねえ」とほめてあげるなど、そんな工夫をしてみる。少食の子にも、ちょっと目先を変えた料理をつくってみるとか。公共のバスの中でおやつを食べさせるというのは、本来、社会のマナーに反することではないでしょうか。

――「バスの中でおやつを食べさせるのは、どうかな」と思う親でも、子どもにきつくせがまれると、結局、そうしてしまいがちです。子どもと対立したくなくて、自分の気持ちを楽《らく》にしたいという意識が、どこかにあるのかもしれませんね。

あまえと、親と子の境界線

川端　親と子のけじめが崩れているように感じることが増えています。それに加えて「あまえ子育てのすすめ」と言っていると、よけいにそうなってしまいませんか。

澤田　母親が自分のさびしさを子どもに満たしてもらおうとして、子どものごきげんをとるようなことをします。そうやって、子どもを抱きこもうとするので、子どもは、母親の心に合わせるような行動をとって、子どもが母親を支配するようになります。母親に大人としての自我《じが》が確立していないと、そのようなことになりがちです。親と子の心の境界線を、しっかり、つくっていくことが大切です。

――それに、おじいちゃんやおばあちゃんが孫の関心をかおうとして、いたずらに物を買い与えるのは、典型的なあまやかしですね。今は、そんなあまやかしが多い。

澤田　祖父母と孫とのあいだにも、境界線ができていないのですね。

――物でのあまやかしはわかりやすいですけど、精神的に子どもと同列か、ひどい場合では、子どもより下に自分を置くような母親も見受けます。

澤田　母親に、子どもから好かれよう、嫌われたくないという気持ちがあって、子どもを引き寄せようとしているのですね。そうやって、親と子の精神的な位置が逆転してしまうのです。それは、母親のなんらかのさびしさの現れだと思います。

しつけとはなんでしょう?

川端　子どもをあまえさせて育てましょう、というとき、もうひとつ、話題になるのが、しつけです。あまえを受け入れるだけでは、しつけができないのではと。

澤田　親と子で良い心の響き合いがあれば、親の言葉は子どもの心にはいっていきます。そうでないと、どんなに正しい言葉でしつけをしても、なんとなくの冷たさが子どもに伝わり、子どもは不安を感じて、しつけではなく、おそれになります。

——しつけは、同じ場面では同じようにくり返さなければ、その子の身につかないと、よくいわれます。それで、同じようにくり返しても、子どもが親の思うようにしないと、イライラしてきます。それで、大きな声で叱ることになります。

川端　しつけとは、社会的な規範を、親の言葉をとおして子どもへ伝えていくことですよね。そうだとすると、子どもが、たとえ、どのような言葉であれ、親の言葉を大切なものとして受け止めれば、その目的は達成されます。たとえば、小さいこ

ろから、絵本を読んでもらってきたような子どもには、親の言葉は尊重されて、すんなりとはいっていっているように思います。

澤田　それは、親と子の愛着関係が土台にあるからですね。ふだんから、あまえを受け入れて、絵本や歌、いっしょに遊ぶことなどをとおして、心のきずなをつくり、信頼関係があれば、お母さんの叱る言葉も、きちんと届きます。

しつけと体罰

川端　親のなかには、しつけには体罰も必要と考える人もいるようですね。

澤田　子どもは体罰を受けると、からだの痛みとともに心の痛みを感じます。そこには、恐怖、怒り、悲しみ、みじめさが生じます。どんなときも、子どもの自尊心を傷つけてはいけません。

――親は、つねに、「言葉で言っても聞かないから」と言いますよ。

澤田　体罰は、そのときの親の感情が爆発して現れたものです。それを、子どものためとか、しつけという言いわけで正当化しています。親は、そのような、親自身の正直な姿を認めるのも必要でしょう。

――思わず、手をだしてしまうこともあるのでしょうね。

澤田　悪いことは、抱きしめて止めます。「あなたは、お母さんにとって大切な子ども。どんな悪いことをしても、あなたを捨てることはしない」という、しつけです。抱きしめるのは、機械的に抱くのではありません。心を抱きしめることです。両手で抱きしめるほかに、からだにそっと触れたり、寄り添ったり、親の心のサインをだしてあげてください。

子どものころ、あまえを受け入れられていない、虐待を受けたなど、心のなかに傷を持っている親、また、そのとき、不安や悩みなどの心の混乱を持っている親は、怒るとよけいに興奮し、自分がわからなくなって、ひどく怒鳴ったり、たたいたりしがちです。それがエスカレートすると虐待になります。

――たたくのは抑えられても、きつい言葉で叱ったりしがちですね。

澤田　きつい言葉で叱って、しつけをしようとするときに、気をつけなくてはいけないのは、両親、あるいは周りの大人がみんな、叱る者にならないことです。お母さんが叱ったら、お父さんが黙って子どもを受け止める。お父さんが叱ったら、時間をおいて、お母さんが慰める、というように。そうでないと、子どもの心の行き場所がなくなります。行き場所がなくなった心に、良いほうへ向かう力はなかなか湧いてこないでしょう。

それにもうひとつ。たとえば、お母さんが子どもを叱ったり諭《さと》したりしていると

き、お父さんにはその内容について違う考えがあるとしても、そのことを、その場では言わないようにしましょう。両親は同じ考え、同じ価値観で自分に接しているのだと、子どもに感じさせることが大切です。両親で考えが違うときは、子どもがいないところで、ふたりで話し合ってみましょう。

あまえと絵本

――子どもによっては、特別、絵本を読んでもらいたいようでもないのに、絵本を持って保育士のひざに乗ってきたりしますよ。

川端　私は、長いあいだ、子どもと絵本の仕事をつづけていますが、私が、澤田先生たちが取り組んでおられる、あまえ子育てに関心を寄せるようになったのは、日本外来小児科学会での「あまえ療法」の分科会でお話を聞いたとき、それまで特には意識していなかった、絵本とあまえについて、ひらめくものがあったからです。

子どもは、絵本を読んでもらうことで、人間としての内面的な力を蓄えていくのですが、同時に、親からの深い愛情を感じています。それは、子どもにとっては、あまえを受け入れてもらうことでもあるのだなと思い至りました。子どもは、お母さんのひざやお父さんのあぐらに、身も心もゆだねて、絵本を読んでもらっていま

す。それは、まさに、あまえを満たされている姿ですね。
そのあまえは絵本の物語りを介在させてのあまえですから、どこかクールです。そのことを、私は「淡白で深い愛情（あまえ）」と表現しています。このあまえはべたべたしたあまえではないので、親も負担感なく受け入れることができます。まして、その絵本が文学的にも美術的にも一流であれば、親も大人として楽しめます。

澤田　そこには、お母さん・お父さんと子どもとの、直接の心の響き合いと、もうひとつ、絵本の物語りをとおしての心の響き合いがあるということですね。そのことは専門的には、児童精神科医・トレヴァーソンのいう、一次間主観性《いちじかんしゅかんせい》と二次間主観性に相当すると思います。

――その日、子どもを、ひどく叱ってしまっても、寝る前に一、二冊、絵本を読んであげることで、子どもは帳消しにしてくれますね。

川端　**第六章「子どもをあまえさせられないと悩むあなた」**の中で、澤田先生は、「母親は、自分の子どもを育てながら、もう一方で、子どものころの自分自身を育て直す」という、スイスの児童精神科医・クラメールの言葉を紹介されています。私はその言葉に、やはり、そうなのかと納得したのですが、私は、人は、子どもに絵本を読んであげているとき、三人の人へ向けて読んでいると言っています。
ひとりは、もちろん、目の前の子ども。もうひとりは、絵本を読んであげている自分自身。そして、三人めは、自分のなかの子どものころの自分です。とりわけ、子どものころ、いろんな意味できびしい環境のなかで育った人は、今、自分の子どもに絵本を読んであげることをとおして、三人めの、かつての自分のなかの子どもを癒しているのだと思います。

澤田　それは、自分で自分のなかの子どもを育て直しているのですね。

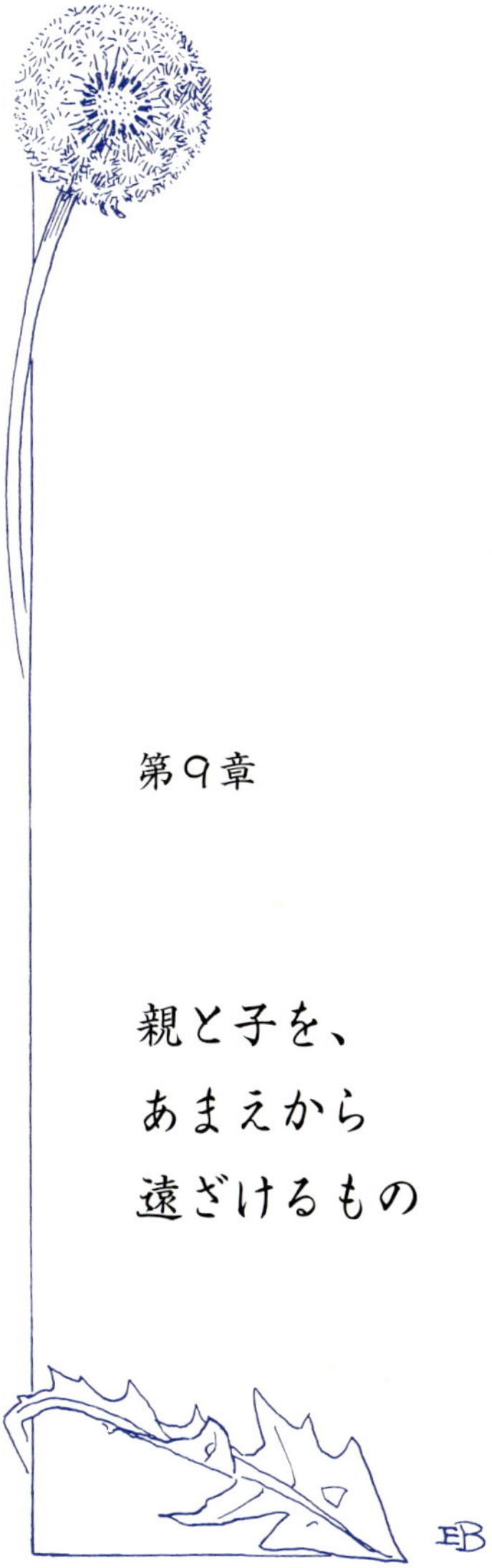

第9章

親と子を、あまえから遠ざけるもの

（座談会　つづき）

川端　このところ、保育の場にいる人たちから〝気になる〟と思う子は、おそらく七、八割はいるのではと聞くことがあって、びっくりしたのですが。

――〝気になる〟を、どの程度にとらえるかによりますが、およそそうでしょうね。人は、人から心をもらって人になっていくものです。人の心は、気持ちや言葉だったりしますけれど、人の温かい気持ちや言葉に充分に触れずに育った子どもが多いですね。〝気になる子〟の根っこには、それがあるのではと思います。

――そういう子は、家庭で、あまえをあまり受け入れてもらっていないのかな、と思います。

――〝気になる子〟のなかには、保育士の話を聞けなかったり、他の子どもや保育士にまでひどい言葉を言ったり、他の子を突きとばしたり、みんなの輪からぬけて歩きまわったりする子がいますね。

――家庭でもそういうことをしているかというと、微妙なところがあるみたいです。子どもに、「おうちで、そんなことをしたら、お母さんはどんな？」と聞くと、おうちではしないと言うのです。

川端　子どもって、家庭でやんちゃで、よそでおりこうになるものではないんですか。今、子どもにとって、家庭は、安らぎの場ではなくて緊張の場になっているのでしょうか。

そういう家庭の環境が、子どもたちをこのように変えてきたとすると、それは、どこに原因があるのでしょう。

子育ての孤独感

——現代的な、いろいろな要因があるのだと思います。親も親なりに、悩み苦しんでいます。そのひとつが子育ての孤独感ですね。

——ひとりで悩まないで、誰かに相談したり、誰かの手助けを受けていいのです。親もあまえていいのです。友だちとか、先輩母親とか。でも、今は、そのような人間関係が薄くなっていますからね。そのために、社会で子育てを支えるということが行われています。充分ではないかもしれませんが、勇気をだして、そういうところの門をたたくのもいいですね。地域によっては、電話での相談もできます。

——どこかで本音が話せることも必要ですね。今、言われたように、地域には、子育て支援センターなど、いろいろできていますから。けれど、そういうところでも、形だけというのは、しんどくなりますよね。いっしょにお茶をするとか、人との結

びつきをつくれるようにすると、いいですね。それには、子育て支援にたずさわる人にも、そのような気配りが求められます。たとえば、保育園の教室や園庭を開放するだけでは、なかなか、本音で話ができるようにはならないと思います。

――自分の悩みを、誰でも簡単に話せるわけではありません。自分を責めたり、自分への評価を気にしたり、重い気持ちを抱えている母親ほど、自分の心の扉を閉ざしています。ですから、支援をする人は、相手の心に細やかな気配りが必要です。

――しんどいなかで育児をしている母親は増えています。それは、子どももしんどい思いをしているということ。そして、その子が親になると、また、そのしんどさが伝播《でんぱ》していきます。ですから、今、ここで、そのしんどさを和《やわ》らげてほしい。そのための手助けができればと思います。

――私は里帰り出産をしたんですね。それこそ、上《あ》げ膳《ぜん》据《す》え膳《ぜん》で一か月過ごして、大切にされて。自分が実家の母親のもとで赤ちゃんにもどって、そうやって、今度は、自分が母親として、赤ちゃんに心から向き合えたような気がしました。でも、今、里帰り出産さえできない人が増えています。そういう人は、退院すると何から何まで自分でしなくてはならない。たいへんな思いをしているのでしょうね。

――ふだんから、よくやっているなあと思うお母さんでも、話を聞くと、しんどいときでも親に頼れないと言うんですね。表面的には、ふつうの親子に見えるんですけど、根っこでは親子関係がきずけていないように思います。子どものころ、親との関係がよくなかったということも、よく聞きます。

——自分の親にあまえられないまま、親になった人も多いですね。

——その一方で、実家の親に頼り過ぎ、あまえ過ぎでは？　という人もいます。

——けれど、実家の親も、入りびたるようにして頼られるのを、ほんとうは喜んでいたりしますよ。

川端　それは、あまえというよりも、相互依存、もたれ合いの関係ではないですか。

——祖父母が夫婦の子育てに過剰にはいってくることで、本来の父親と母親と子どもという家族の機能が崩れるということがあります。それは、夫婦にとっても、子どもにとっても良いことではありません。

澤田　祖父母の手助けも、ほどほどに。つまり、ほどよい手助けですね。

父親の〝不在〟

——多くの家庭で父親の存在が薄くて、母親の子育ての不安を、夫として和らげることができていません。子育てへの参加も、ほんとうに少ないですしね。

——夫からの、「たいへんだね」「よくがんばってくれるね」など、ねぎらいの言

葉がほしい。子育てや家事を手伝ってくれなくてもいいから、せめて、そのひとことがほしいと、思ってしまいます。

川端　言葉だけでもいいんですね。

――言葉だけでも違います。わかってくれているというのが伝わって救われます。

川端　「言葉だけでも違います」というのは、ほんとうは、もっと望むことがあるということですか。

――それは、もちろん、子育てや家事への協力です。

――そうですよね。でも、どうなんでしょう。父親が育児や家事に熱心だからといって、父親の役割を充分に果たしているとはいえないのではないですか。

――あんまり熱心なのはどうかなと、私も思う。仕事をしている女性のなかには、家事も育児も、半分ずつ平等にと主張する人もいるみたいですけど。

――私も、家庭に母親はふたりいらないのではと思います。父親には父親としての、母親とは違う役目があると思う。

澤田　ウィニコットは、父親のいちばん大切な役目は、子どもを抱きしめている母親を包みこむ、抱きしめて守ることだと言っています。（「**ホールディング**（抱きかかえ・包みこみ）」50頁参照）

――逆に、妻に抱きしめてもらっているように感じられる夫も見受けられます。

澤田　夫が、子どものころ、あまえで満たされていないと、妻にあまえて、わがままを言って、自分の心の空白感を埋めてもらおうとするのでしょうね。

川端　それは、父親が子どものころの問題を引きずっているということなのですよね。でも、なにより、もう親になったのですから、自分で自分を成長させて、ひとりの大人になる、という意識も必要ではないですか。

――子どものころ、ひどい家庭環境で育っても、大人としてりっぱに自分を律して生きている人は、男の人にも女の人にも、たくさんいると思います。

――子どもとの関係をうまくつくれないお父さんもいますね。

澤田　私たちの調査では、生後三か月くらいまでに赤ちゃんの世話をよくする父親は、たいてい、子どもが幼児期になると子どもとよく遊びます。思春期になると、子どもとよく話をしていました。けれど、赤ちゃんが泣いても、「おい、泣いてるぞ」と言うだけで赤ちゃんの世話をしない父親は、幼児期になっても子どもとあまり遊びません。思春期になると、子どもとの関係をつくるのがむずかしくなります。生まれてすぐからの、父親のなんらかの育児参加が大切です。また、父親の育児参加ができるように、残業の軽減や父親の育児休暇など社会的環境の整備が必要です。

川端　子どもにとって、父親は、まずは社会への水先案内人です。社会への、というのは、人間への、人生への、ということでもありますね。でも、そのことを実際に、父親が自分の言葉や生きている姿で子どもに語るのはむずかしい。代わりに語るものとして、人間が編みだしてきたものが物語りです。すぐれた絵本には、それらのすぐれた物語りがあります。そのようなことを、私は「父親は、子どもに絵本を読んで、親になる」という文章に書きました。

それに、父親が子どもに絵本を読んであげるのは、子どもからすれば、ひとつには、父親にあまえを受け入れられることでもあります。あまえは、母親と子どもとの関係でいわれることが多いようですが、父親とのあいだにも必要なものでしょう。

子育ての自己流化

川端　先ほど、子育ての孤独感が母親を追いつめる、ということが話されました。その一方で、子どもとふたりきりの時間と空間に自己陶酔的に取りこまれて、子どもを、まるで恋人かペットのようにしてしまう母親も増えていると聞きますが。

澤田　母親が子どもに依存しているのですね。子どもを自分の心の支えにしているのでしょう。たとえば、子どもの服や髪型を変えて楽しみ、人にも見てもらって、ほめられると喜ぶのは、どの母親にもあることです。でも、ふつうは、びっくりするような程度ではなく、ほどよい範囲で、子どもといっしょに楽しんでますね。

川端　自己中心的な母親も、目立つようになったと聞きます。

――何があっても、「子どもが悪い。保育士が悪い」という発想をしてしまうお母さんですね。でも、そのようなお母さんは、自分が抱えている何かの重荷のために、自信をなくし、そうやって、自分を守ろうとしているような気がします。

――そのような人とは、気持ちを通わせてお話をすると、わかり合えますよ。

――でも、自分の考えに固執していて、話さえできない人もいます。

澤田　今、子育てをしている世代は、経済成長優先の社会で育ち、学校では、「個性を大切に」とか、「自分らしく」ということが、さかんにいわれていました。けれど、学校でも競争に勝って、将来、人よりも物質的に豊かな生活をするのがすばらしいとされるような社会では、人のことを考えたり、経済の価値以外の価値もあることが忘れられがちです。

そんな社会で、「個性を大切に」とか「自分らしく」となると、自分の都合のよいように、自分がそうしたいように振る舞っていいんだと、本来の意味が取り違えられていくこともあるのだと思います。それが子育てにも現れているのでしょうね。

川端　しかも、そのような〝自分らしい〟子育てのやり方が、子どもにとってもいいんだと思いこんでいることが心配ですね。そして、〝自分らしい〟が、実際は、食事など、子どもの生活にかかわるところでの、ひどい手ぬきの方便《ほうべん》のように使わ

れたりするのも気になります。そういう人に、澤田先生が言われる〝70〜80%の子育て〟を、そのまま受け取ってもらうと、困りますね。それからすると、子育てで悩んでいる母親のほうが、ずっと誠実ですし、救いがあると思えます。

川端　社会には、個人的な好みや自分らしさを越えて、規範というものがあります。それは、人が社会生活を営んでいくうえでの基本的な物差しです。子どもの育ちには、よりいっそう、いつの世にも変わらぬ物差しがあるはずです。それは、それぞれの民族が長い子育ての経験から編みだしてきた、変えてはいけないものだと思います。その物差しを、タガがはずれるように、「個性を大切に」や「自分らしく」で変えてはいけませんね。変えてしまうと、なんらかのひずみが、親と子に現れるのではないでしょうか。

澤田　今は、社会そのもののタガがはずれていくような状況ですから、そのなかで、物差しを見失わないように子育てをするのは、たいへんです。そのたいへんさを、誰かが、私たちが、支えていかなければと思います。夜中に赤ちゃんを連れてコンビニに行くのがなぜいけないのか、騒音のひどいところ、人混みのなかへ赤ちゃんを連れていくのがなぜいけないのか、誰も教えていません。

その背景には、私たちの街に、たとえば、二十四時間営業のコンビニがたくさんあって、それが当然の風景になっていることなどがあります。そのように、利益優先の社会になっていますから、ひとまず、利益の視点を離れて、人が生きていくうえで、ほんとうは何が必要で、何が必要でないかという社会の在り方が問われる必要があると思います。

子育ての社会的評価の低下

――ごくふつうのマンションに住んでいるお母さんが、「子どもを泣かせると苦情がくるので、午前中はほとんど外へ行きます。雨の日は行き先がなくて、ほんとうに困って、車でぐるぐる回るだけ」と言ってました。

――子育て中の親と子にさえ、非寛容な社会になっているように思います。

澤田　公園で、「子どもとボール遊びをしていたら、お年寄りから「ここはゲートボールをするところだから」と言われた、というのを聞きました。昔は、そんなことはなかったですよ。お年寄りは、小さな子をもっと愛しげに見ていたものです。

――社会から、なんとなく迷惑そうな視線を感じる、そんな母親の不安やストレスが、なんらかの形で、子どもにも及ぶことになるのでしょうね。

川端　子育ては、社会で正当に評価されていないということでしょうか。

――そう思いますね。子育てはとても価値のあるものという、社会的な評価を高めることが必要です。それに、母親が子育てを楽しんでいれば、しぜんに、社会的な評価も高くなるでしょう。そのためにも、地域社会で子育てを手助けする態勢を整えることが大切です。

澤田　母親も、外にでて働けば収入を得られて、自分が働いた成果が見えます。けれど、子育ては収入にはなりませんから、なんでもお金に換算してしまうような社会の風潮のなかで、母親自身に、子育てがそれほど価値あるものと思えない、ということもあるのでしょうか。

弱められていく母性

川端　社会のそのような視線や状況が母親の母性を弱めている、母性が弱まっているので子育てもうまくいかない、ということはありませんか。

――母性神話でくくられたら、母親は苦しいでしょうね。

川端　母性神話のようになると、確かにそうでしょうね。でも、子どもは母親から生まれますし、とりわけ、乳幼児期の子どもにとって、母親は圧倒的な存在なわけですから、母性は、どうしてもキーワードです。

―― 母親であれば誰しも母性は持っています。ただ、それを実際に発揮できるか、できないかだと思います。子どもをかわいがるのが苦手な母親も、その人を支えていけば、ちゃんと母性を輝かせて母親らしくなります。多くの母親が母性を表せない状況にあるのではないでしょうか。

―― 子どもを産んでなくても、よその子でもかわいく思うことがあります。それも母性ではないですか。

川端　父親にも母性がありますよ。そういう意味において。

澤田　子どもは、母性と父性に包まれて成長すると思います。母性は、子どもの良いこと、悪いことを含め、何があっても抱きかかえます。父性は、「何があっても心配いらない。思う存分やりなさい」と、たくましく生きていく力を与えます。

母親は、母性が主ですが父性も持っています。父親は、父性が主ですが母性も持っています。子どもには母性と父性に包まれて、きびしい社会をなんとか乗り越えていってほしい。

川端　先ほど、母親であれば誰しも母性は持っています、と言われました。そうだなと思います。でも、一方で、「赤ちゃんを産んだだけでは母親にはなれない」ということも、よく聞きます。それは、どういうことを意味しているのでしょう。

―― 母性は、育てられるものだと思います。赤ちゃんは、お母さんやお母さんに代わる人がいなくては、生きていけません。そうやって、赤ちゃんに求められることで、母性が呼びさまされていくのだと思います。

――赤ちゃんに求められて、応えて、喜んでもらえて、応えて、また、求められて……そのくり返しで、母性は育てられていくのですね。これって、たがいに育ち合っているということですよね。

――近所の人に、「あら、かわいい赤ちゃんねえ」と言われるだけで、自分のなかの母性が元気になるような気がします。

――そのように、周りの人の温かい視線が、その人の母性を強くしていくんですね。

澤田　水を差すようですが、妊娠中に夫からのＤＶなど、つらいことがあるなかで出産すると、母親は赤ちゃんに愛情を持ちにくくなるのはよくあることです。ですから、妊娠中からの周りの温かい支えで、母性の発現をより強くしてあげてほしい。

――そのためには、妊娠中から、社会で子育てを手助けする必要があります。それまで、親とか、近所とかでできていたことが、今の時代ではなかなかむずかしくなっています。子育てを支援する人がもっといて、母親が子育てを楽しめる環境をつくっていく時代にきていると思います。

――母親が、自分の母性をゆったりと育てていくには、子育てをする母親への社会的環境の向上も必要です。育児休暇の制度の充実などを含めて。

子どもよりも自分が大事？

――お母さんのなかには、結婚して子どもを産んだからといって、それまでの自分を崩したくないという人もいるようです。子どもと閉じこもっていたくない。子どもが生まれる前と同じように、コンサートに行きたい、飲み会にも行きたい、遊びたい。子どもがいるからといって、仕事も制限したくない。

――自分の存在感とか、そういうものを求めているのでしょうね。

――それもわかる気がしますが、でも、そういう母親に育てられている子どもは、なにかしら、子どもらしさを感じさせなくて、心のなかにさびしさを抱えているように見えます。

――母親が、子どものために自分の時間を使うのが、少なくなっているからでしょう。それでも、子どものための時間、自分のための時間、その両方を求めようとして、どうしてよいのかわからなくなるのでしょうね。

――どこかで息をぬきたいというのはわかります。けれど、子どもというのは、そもそも、母親の時間を食いつぶして育っていくものなんです。

川端　子どもというのは、そもそも、母親の時間を食いつぶして育っていくもの、というのは、なかなか意味深い言葉ですね。

——これまでは、子育てがつらいということが深刻な訴えでしたけど、このところ、子どもを好きになれない、という母親が増えてきたように思いませんか。

澤田　「望んでいなかった出産」が増えたのも、その背景のひとつでしょう。また、子どもを好きになれないというお母さんは、自分が「望まれていなかった子ども」として育てられたのかもしれませんね。自分は存在価値のない人間と思わされて育ったため、自分の子どもの存在価値にも気がつきにくい、ということがあるのでしょう。仮に「望んでいなかった出産」であっても、子どもが生まれたからには、自分の気持ちを温かくして、覚悟をして、あちらこちらの支援を受けて、子どもをかわいがってあげられるようになってほしいです。

そうやって、子どもを愛すれば、子どもは親の心と響き合って、親を愛します。そうやって、母親としての気持ちも、母性も育っていきます。

目に見えるものによる評価

川端　このところ、いっそう顕著《けんちょ》になっていますが、親と子のあいだに、目に見えるもの——成績とか、運動ができるとか、親の望む言動とかの、文字どおり目に見えるもの——が介在して、子どもが、まるで機械の性能を測るかのように評価

されることが多いと思います。

――親であれば誰しも、そういう気持ちはありますよね。でも、それがあまり強いと、子どもは苦しい。

澤田　競争社会のなかでは、目に見えるところで、人より秀《ひい》でた子どもがすばらしい子ども、ということになっています。ですから、親は子どもを幼児期から、塾や習いごとの教室に通わせることになりがちです。

川端　社会の構造からできているわけですね。目に見えるもの、物質的なものに価値を見いだすという。経済力、学歴、勤務先とか。

澤田　「あなたは、生まれてきただけで価値があるんだよ」ということを、親が子どもに伝えられていないと思います。

――心のことの評価が弱くなっていますよね。やさしいあなたでよかったとか、そういうことよりも、勉強のできる、運動のできるあなたでよかった、みたいな。

――世の中がそうなってるから、親もその基準に合わせます。どこそこのお子さんがどこそこの大学に入学した、などの話が日常的です。

川端　そうではない価値観、生き方もあって、そちらのほうが親にも子どもにも心地よくはないですかということを、どこかで伝えていければいいのですけど。

澤田　小さいときから知識のみを追って、勉強、勉強と育てるよりも、心豊かに育てるほうが、中学生、高校生、大学生になって、意欲的に勉強するようになるものです。それに、社会にでてからのその人の評価は、むしろ、目に見えない部分の、その人の人間的な力に多くを委《ゆだ》ねられているんですね。

川端　目に見えないものを見ようとする力を、私は、いつも、想像力という言葉で語るのですが、想像力こそが、人間をよりいっそう人間らしくするものだし、この社会をよりよいものにしようとする原動力です。

早期教育

川端　このことは、先ほどの「目に見えるものによる評価」に通じますね。

――　母親の皆さんを見ていて思うのは、今の子育て環境のなかで、何を選ぶかが問われているな、ということです。周囲が、子どもを幼児教室などに通わせていると、人並みにしていないと、まともな母親でないのかなと思ってしまう。何もしないでいて、よその子との差がついたら困ると思う。

――　それに、社会にでてからの競争がはげしくなっていて、格差社会とか就職活動のきびしさなどがいわれると、子どもの将来のことを考えて、親としては、今のうちにできることはしておいてやりたい、という気持ちにもなりますね。

——それにしても、一才ごろから塾に連れていっているお母さんもいますよ。

——小学校から英語の授業があるからと、英語教室とか。

川端　私は、「自分の子どもをいくらかのお金を払って、そんなに早くから幼児教育産業に〝下請《したう》け〟にださないでください」と言ってきました。それに、幼児期からの英語教育を例にとっても、学ぶという点からいって非科学的だと思います。

澤田　保育園や幼稚園の人たちから、子どもたちの、幼児教室や塾通いがとても多いということを、よく聞きます。小学校へはいる前からの、勉強のための幼児教室や塾もそうですが、さまざまなスポーツ系の塾もそうですね。

子どものために良いことをという親の気持ちはわかりますが、子どものほんとうの気持ちをかえりみることのない、親の自己満足が先にあるような幼児教室や塾通いは、子どもの心に大きな傷をつくります。その傷が積み重なってくると、心のなかの怒りやストレスが、やがて、発達障害に似た症状や、いわゆる非行、家庭内暴力となって現れることがあります。そのように思えば、このような早期教育は、子どもへの虐待にあたると考えられます。

幼児期は、お母さん・お父さんとの愛情のもとに、のんびりと、できれば、友だちと遊びほうけて過ごすのがなによりです。そのように育ってきた子どもは、将来、勉強にも意欲的に取り組むようになります。

川端　人間の子どもはすごい脳の働きを持っています。ですから、表現はよくないですけど、動物に芸を仕込むように教えれば、乳幼児でも、それなりに反応するでしょう。でも、それが人間のほんとうの能力につながるかは、はなはだ疑問です。

幼児期は、澤田先生が「乳幼児期の子育て」で言われるように、情動を育み、やがてやってくる学童期に備えて、学ぶための土壌を耕していく時期です。私は、質の高い絵本を、心の響き合いのもとで、親と子で楽しむ時間を重ねていけば、何も心配はいりませんと言っています。質の高い絵本には、学びの社《やしろ》をきずいていくときの、いくつもの柱がしっかりと建てられているからです。また、絵本を早期教育の教材に仕立てる風潮もあるようですが、それはそれで、新たな弊害を生みます。

澤田　「目に見えるものによる評価」でも述べましたが、親が早期教育に引き寄せられるのは、競争社会で追い立てられていくからですね。でも、そういう親と子のあいだに、温かい心の響き合いが育まれることはあまり期待できないでしょう。

川端　子どもは、親に嫌われたり見離されたら、たいへんなハンディを負うことを知っていますから、早期教育の教室にも、いかにも自分から喜んで行っているように、親に見られたいのです。それを、親はわかっていないのではないでしょうか。

テレビ・ケータイ・ネットゲーム・SNS（ソーシャル・ネットワーキング・サービス）…

―　お母さんのなかには、赤ちゃんを抱っこしていても、赤ちゃんをあまり見ていない人がいますね。赤ちゃんもお母さんを見ていません。

―　心が赤ちゃんと向き合っていない人がいます。そんなお母さんは、赤ちゃんのお世話はするけど、気持ちを通わすことをしないようです。

―　子どもとのきちんとした言葉のやりとり、応答をうまくできない母親が増えたように感じます。

―　子育て支援センターでも、子どもが笑ってほしいときに、ニコッと笑えるお母さんと、子どもがしてほしいことに気づかないお母さんがいますね。

たとえば、歩きはじめの子どもに、「ここまでおいで」と声をかけ、お母さんが離れた場所で待っています。子どもが二歩くらいで歩けなくなって、そのとき、「よくできたね」と歩み寄って抱きあげて、ほめてあげる、そんなお母さんがいます。でも、自分が決めたところから動かないで、子どもがくるのをイライラしながら待っているお母さんもいます。

川端　私は、母親と乳幼児とのあいだを、実際に遠ざけるものとして、長年、テレビなど電子メディアのことを言いつづけています。乳幼児をテレビの前に座らせていることには、人としての能力の発達や心の成長の面でも、多くの弊害があります。

このこと自体が大きな問題ですけれど、とりあえず、目に見えてわかるのは、母親と乳幼児とのあいだにテレビなどの電子メディアがはいることで、この時期に最も大切な、親と子の触れ合い、語りかけなどが失われていくことですね。それが、このところ、よくいわれるようになった、親と子の愛着障害の最大の原因だと私は考えています。

澤田　日本小児科学会と日本小児科医会は、二〇〇四年に**「子どもとメディアについての提言」**を発表して、親の皆さんへ警鐘を鳴らしています。

どうしても、テレビやＤＶＤを見せざるを得ないときは、短時間に限って、親といっしょに見るようにしましょう。

川端　日本小児科学会と日本小児科医会の提言では、「二才までのテレビ、ビデオ視聴は控えましょう」と、おだやかな表現になっていますけれど、私は、少なくとも小学校入学までは、テレビやＤＶＤなど、子どもが起きているあいだは、できるだけつけないようにしましょうと言っています。若い親の皆さんは、自分がそのなかで生まれて、育っていますから、驚くほど長い時間、テレビなどの電子メディアにひたっ

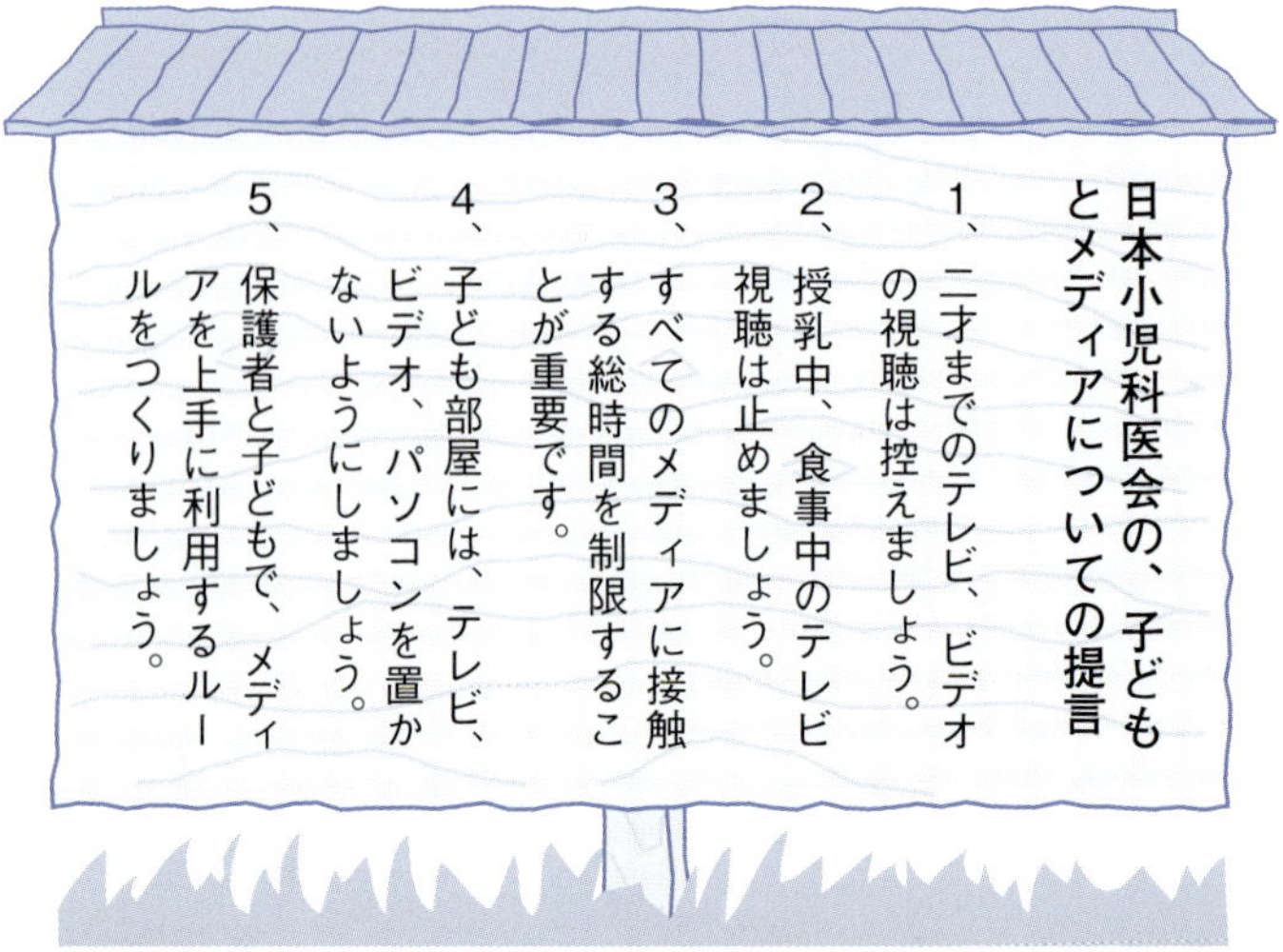
日本小児科医会の、子どもとメディアについての提言
1、二才までのテレビ、ビデオの視聴は控えましょう。
2、授乳中、食事中のテレビ視聴は止めましょう。
3、すべてのメディアに接触する総時間を制限することが重要です。
4、子ども部屋には、テレビ、ビデオ、パソコンを置かないようにしましょう。
5、保護者と子どもで、メディアを上手に利用するルールをつくりましょう。

ていることを意識しないのだと思いますが。

　食事のときはもとより、できるだけテレビを消して、子どもとの静かな時間を過ごすことができれば、家族として大切なものは、しぜんによみがえってきます。

――授乳のときも、赤ちゃんと向き合わずに、ケータイをいじっている人が多いですよね。

――お母さんがケータイに気をとられていたり、テレビが鳴りっぱなしだと、赤ちゃんからのサインを感じとれなくなります。すると、お腹がすいたなど、赤ちゃんの切ない願いが届かず、お母さんにかまってほしいという気持ちが満たされないことになります。

川端　そのようなことがつづくと、赤ちゃんは、自分が生まれてきたこの世界の冷たさを思い知らされ、失望にとらわれて、人からの働きかけにも反応を示さず、表情の乏しい赤ちゃんになるのではないでしょうか。

澤田　テレビ、ケータイから完全に逃れることはできない時代です。でも、赤ちゃんや幼い子の前では、テレビ、ケータイからできるだけ離れているようにしてほしいです。お母さんがテレビ、ケータイに気をとられていると、赤ちゃんはさびしさを埋めようとして、テレビに相手になってもらおうとします。テレビとのあいだには心の響き合いがないので、自分の世界に閉じこもり、のちに、本来の自閉症ではありませんが、自閉症と似たような症状をきたすようになることがあります。

――子どもがいるのに、ずっとゲームをしてる夫婦もいますよね。会社から帰宅すると、ゲームに熱中する父親もいるようです。

――子どもにゲーム機を買ってあげたそうです。そしたら、それに熱中して、食事のときも離さない。もう、寝ても覚めても。もちろん、母親の言葉なんてその子に届いていない。母親が「いいかげんにやめなさい！」と言ったら、その子が泣いておおあばれをした。母親がそこで初めて驚いて、相談されたことがあります。

澤田　私も、日々の面接をとおして、ゲーム依存の事例にたくさん向き合いますが、子どもや思春期の人たちは、親が気づかないうちに、急速にゲームへの依存を深めていきます。ゲームから子どもを守るために、やむを得ず、学習塾やスポーツクラブに子どもを避難させているお母さんさえもいるようです。

また、ゲームにのめりこむお母さん、お父さん、子どもは、どこか心が満たされていないのですね。不登校の子どもも、ほとんどがテレビ、ゲーム、インターネットに熱中しています。心の整理ができて登校を始めると、熱中は治まります。

――今のゲームのストーリーは、のめりこまざるを得ないほど、高度につくられているようですね。

澤田　子どもの前でゲームにのめりこむ親、子どもにゲーム機を買い与えてゲーム

『「メディア漬け」で壊れる子どもたち』
清川輝基・内海裕美／共著
少年写真新聞社

にのめりこませている親は、親としての資格を問われます。でも、ほんとうに責任を問われるべきは、ゲーム機、ゲームソフトをつくり、購入をあおり、そうやって親と子の関係を崩し、また、ケータイによる無料・有料のインターネットのゲームをとおして、結果として、思春期の人たちの性と魂をおとしめる場をつくり、利益をあげる企業があることです。そして、このような産業の在り方を認めている国の姿勢だと思います。国は早急に政策をつくって、対策をたてるべきです。

川端　私も、そのことには同感です。

食卓の危機

川端　食卓は家庭の中心にあって、家族をつなぐ最も大切な場と思うのですが、その食卓は、今、どうでしょうか。

――家族が別々に食事をする、いわゆる孤食の家庭が多くなっていますね。

――お父さんの帰りが遅いとか、子どもが学習塾に行くようになって、家族の食事の時間が合わないということはありますね。

――小さい子どものいる家庭でも、みんなでいっしょに食べるというのは、なぜか少なくなっていませんか。

川端　人は食べなくては生きていけませんから、家族のために食事をつくる母親が、実質的に家庭の中心です。それが、今では、子どもは自分のおこづかいで、コンビニやお弁当屋さんで自由に買えるようになって、その意味では、母親の求心力は揺らいでいるように見えます。

――それに、自分が好きなものを選べますから、孤食とともに個食ですね。それも自分の個室で食べたりすると、まさに個食。その傾向が強まっていると思います。

――自分も、人のことは、あまり言えない立場ですけど、母親が、家庭で料理に気持ちをこめることが少なくなっているように感じます。

澤田　食卓にお惣菜を買って並べるのも、ときにはよいと思いますが、できるだけ、お母さんの手作りを心がけてはどうでしょう。お母さんの心が、子どもに、家族に伝わります。それに、ときには、お父さんも子どもといっしょに食事の用意をすると、そこにも、親と子の心の響き合いが生まれますね。

――虐待を受けて乳児院にはいってくる子どものなかには、やせて、栄養失調のようになっている子もいます。でも、乳児院の生活に慣れ、安心してくると、異常なほどミルクを飲み、離乳食を食べます。身体的に健康な状態になっても、心の飢餓状態を癒そうとして過食になります。あまえで満足すると、過食は治まります。

澤田　食事は身体《からだ》の栄養のみを摂《と》っているのではなく、食事のときのふんいきを心の栄養として取り入れているのですね。家庭でも、みんなで楽しみながら食事をしたいものです。

―― 料理が得意でなくても、楽しんでつくれば、それが家族にも伝わりますよね。

―― そうですよ。それが〝おふくろの味〟です。

―― 家族のために食事をつくっていると、しぜんに、塩分や糖分、食品添加物や農薬のことも気になってきませんか。

澤田　ジュースや健康飲料には、大量の糖分が含まれています。子どものころから飲みつづけると、肥満、糖尿病になるおそれがあります。その他、甘いもの、肉料理、ハンバーガー、塩辛いスナック菓子、市販の弁当など、肥満、糖尿病に加えて、高コレステロール血症、高血圧などになる危険性が増えます。

　これらは、たいてい、子どもが好きな食べものです。たまにはよいにしても、習慣にならないように気をつけましょう。

第10章

子どもの
身体症状が
訴える
心の混乱と、
あまえ療法

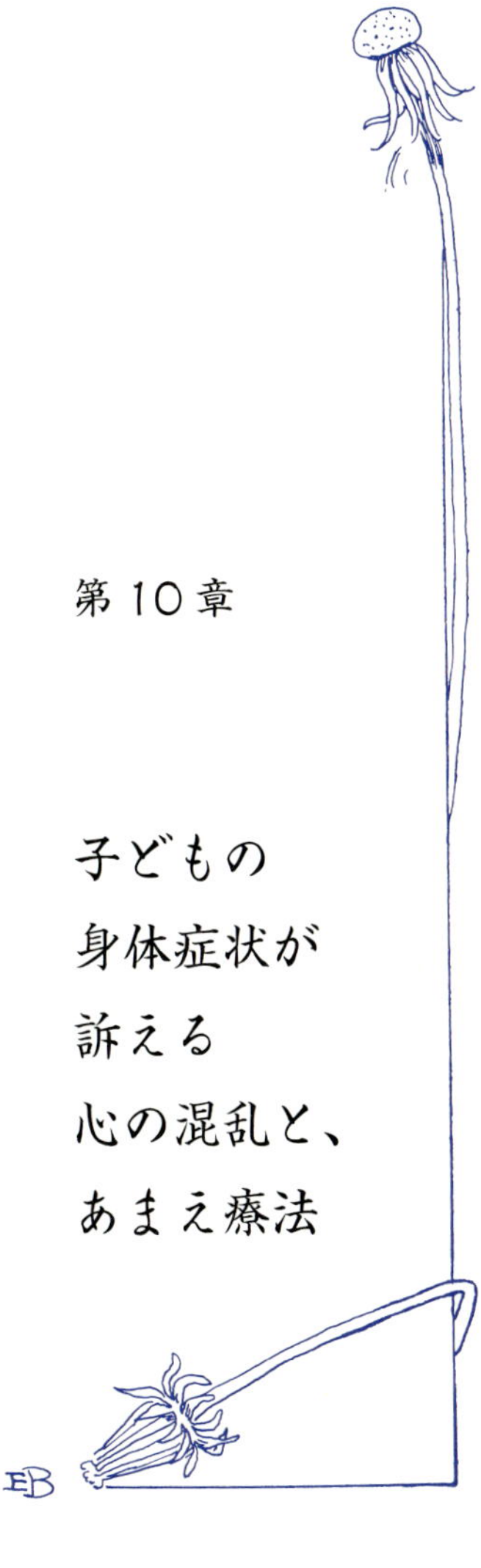

1、あまえ療法

身体《からだ》の疾患《しっかん》がないのに、子どもが身体の症状を訴えるときは、なんらか、心の混乱がおきているのです。あまえを充分に受け入れられて、安心できれば、心の混乱は治まり、身体の症状も消えます。それが、あまえ療法です。わかりやすく「抱っこ・おんぶ・添い寝・いっしょ入浴・いっしょ遊び療法」ともいっています。

思春期にもなると、抱っこやおんぶは歓迎されませんから、心を抱きしめるようにしてください。子どもの立場に自分を置き、子どもの心の状態に気を配りながら、話をよく聞いてあげましょう。また、思春期のころは、あまえが暴力の形で現れることがあります。それは、「今、自分の心のなかはこのような状態である」という訴えであり、「自分のことを見捨てず、ほんとうに守ってくれるのか」という、一種の、親への試し行動です。（思春期のころの人による暴力は危険な場合もありますから、そのときは、専門機関に相談するようにしてください。）

四つの保育園の親の皆さん、保育士さんに協力してもらい、身体の疾患がないのに身体の症状を訴える子ども、気になる行動がある子どもの状態を調べてみました。すると、ほとんどの子どもに該当することがわかりました。

子どもが身体の症状を訴えれば、まず、身体の疾患（病気）がないかを診てもらってください。身体の疾患がないのに身体の症状を訴える、また、気になる行動があるときは、たいてい、さびしさ、つらさ、心の傷など、心の混乱があります。

その混乱の背景にあるものに目を向けてください。たとえ、混乱の意味づけがまちがっていたとしても、子どものことを考えて一生懸命になっているお母さん・お父さんの気持ちが子どもに伝わることで、子どもは救われます。

次に、身体の症状と心の混乱について述べます。

身体の症状にも次のようなものがあります。

(1)日常よく見られて、そんなに気にしなくてもよいもの
(2)少し気になるよくある症例
(3)気になる症例

それぞれに、心の混乱が見受けられますが、とりわけ、(2)と(3)について、あまえ療法の視点から、解決への道を探ってみましょう。

2、日常よく見られて、そんなに気にしなくてもよいもの

目をパチパチさせる。口をゆがめる。
軽い腹痛、頭痛、胸痛、成長痛（足の痛み）。
嘔気《おうき》、嘔吐《おうと》。爪噛《つめか》み。身体《からだ》が固まる。無表情。友だちと遊べない。
度の過ぎたいたずら。いじわる。多動。パニック。キレる。仲間の遊びを壊《こわ》す。
身体に触られることを嫌う。抱かれても身体が養育者に添えない。
抱っこ、おんぶをいやがる。
話しかけてもうわの空。人を拒否するようなそぶりをする。
誰にでもあまえる。大人受けする言葉を使う。大声で泣けない。
おりこう過ぎる。物や食べものに固執する。

これらは、たいてい、子どもの心のさびしさの現れです。かまってもらいたい、注目してもらいたいという心の信号です。ふだんから、子どものようすに気を配り、やさしく声をかけ、あまえさせてください。そのようにして、子どもの症状がなくなっていくと、その過程で、親と子の心の響き合いがつくられ、それまでよりも、親と子の強いきずなをきずくことができます。

3、少し気になるよくある症例

やきもち

幼児期は、お母さんを独り占めにして、やさしい母親像を心のなかに取りこみ、安定した心の安全基地をつくっているときです。ここに、赤ちゃんが生まれると、上の子は複雑な気持ちになります。赤ちゃんはかわいい。でも、ときどき、赤ちゃんにお母さんを取りあげられたような気持ちになり、赤ちゃんにいじわるをしたりします。そんなときには、抱きしめながら、諭《さと》してください。

やきもちのない子は、がまんをしているのかもしれません。過剰ながまんは、心の傷になったり、あとになって、なんらかのリアクションとなって現れることがあります。上の子の立場と自尊心を尊重する言葉かけを忘れず、赤ちゃんのお世話の手があいたときに、時間をとって、上の子と向き合うようにしてください。

また、二才ごろの子どもは、赤ちゃんをかわいがろうとして、力をこめて抱っこしたり、お菓子などを赤ちゃんの口に押しこんだりします。非常にあぶないのですが、ひどく怒らないようにしましょう。抱っこの仕方を教え、赤ちゃんはまだ食べられないことを教えてあげてください。

ぐずる

どことなく、すっきりしない気持ちでいるのです。かまってほしいという訴えです。抱っこ、おんぶをし、語りかけてあげましょう。

夜泣き

昼間、何かびっくりすることがあったのかもしれません。不安や恐怖で、泣いているのです。相手になってほしいという訴えです。やさしく語りかけ、夜は赤ちゃんといっしょに寝るようにします。赤ちゃんとゆったり過ごしましょう。

また、お母さんに泣きたいようなつらいことがあれば、その気持ちが赤ちゃんに響き、赤ちゃんがひどく泣くこともあります。お母さんの代わりに赤ちゃんが泣いてくれているのです。

指しゃぶり

二才ごろまでは、よくあることです。二才を過ぎて、なんらかの心のさびしさがあると、指をしゃぶって自分を慰めていたりします。あまえを受け入れてあげましょう。心が満たされると、指しゃぶりはなくなるでしょう。親がひどく気にするあまり、子どもに注意して、それで指しゃぶりがなくなっても、心が満たされないままだと、あとで他の症状として現れることもあります。

だだをこねる

自分の気持をわかってほしいという訴えです。そのような子どもは、むしろ、自分の意志をはっきりと表現できる、意欲的な性格でしょう。抱きしめて、心を満たしてあげれば、だだをこねるのは治まるでしょう。そういう子は、愛情たっぷりに育てて、温かい心がつくられると、将来が楽しみです。

登園しぶり

三才ごろまでは、お母さんといっしょにいて、心のなかの母親像をつくっているときです。ですから、三才ごろまでは、入園しても、朝、お母さんを後追《あとお》いして泣くのはよくあることです。そんなときは、いっしょに、少しだけでも園庭で遊ぶなど、時間をかけて、徐々に保育園に慣らしていきましょう。強引に引き離すと、「お母さん・お父さんに捨てられた」という心の傷（トラウマ）が残り、いろいろな症状がでてくることもあります。すんなりと登園できるようになったら、夕方、お迎えのときにほめてあげ、昼間のぶんもあまえさせてください。最初から後追いをせず、泣かず、おりこうに通園する子どもは、あまえで満たされて、心のなかの母親像ができていればよいのですが、お母さんに気をつかい、がまんしている場合もあります。四才を過ぎても登園をしぶる子どもは、お母さんとのあいだに心が満たされていないのかもしれません。ふだんから、あまえを受け入れてあげましょう。

登園をしぶる子どものなかには、他の子からのいじめにあっていたり、保育士のしつけをきびしく感じてこわがっているなど、園の生活になじめない場合もあります。それに、サンタクロースや節分の鬼がこわくて、通園できなくなったというケースもあります。子どもの気持ちをよく聞いてあげてください。

不登校

学童期の不登校の子どもは、現代の効率優先競争社会に感性が合わず、そのような社会に巻きこまれている学校や家庭に不安を感じ、登校できなくなっているのかもしれません。いずれにしても、理由はよくわからないことが多いと思います。その不安を乗り越えようと、お母さん・お父さんにあまえてきます。

あまえが満たされ、たとえ不登校でも、自分は見捨てられることはないという親との信頼関係ができ、また、その子なりの内面の課題の整理ができれば、いずれ、登校できるようになります。子どもを信じて、あせらず、温かく支えてください。

4、気になる症例（症例は、本筋にさしつかえない程度に変えています。）

こんな症状は、そんなにないと思いますが、このいずれの症例にも、あまえ療法が力を発揮してくれました。改めて、あまえが持っている子育ての力を思います。

また、これらは、親と子の世界はどうあるべきかを、基本から教えてくれる症例です。このような混乱は、どの家庭にも、多かれ少なかれ、あり得るのではないでしょうか。子どもが、これらの症例を親にあまえることで乗り越えると、親と子のきずなはいっそう強くなります。

目が合わない

第一子の、生後三か月の男児・Bちゃんを連れて、保育士のお母さんと、お父さんが来院しました。「Bは話しかけても反応がなく、目をそらします。ある病院で、自閉症の疑いが強いと言われました」と、お母さんが訴えました。

私は「ほんとうに自閉症かな…」と思いながら、Bちゃんを抱っこして語りかけました。すぐに私の目を見るようになり、しばらくするとニコッと笑いました。それを見たお母さん・お父さんは「笑った！ 自閉症ではない」と喜びましたが、お母さんは、「私があやしても笑わない。私は母親の資格がない」と落ちこみました。

ひとりっ子で育ったお母さんは、両親ともに仕事が忙しく、生後一か月から、ほとんど、おばあちゃんに育てられたそうです。夜もおばあちゃんのところに泊まることがよくありました。そのように、お母さんは、自分はさびしい思いをしたので、わが子は自分で育てようと、三年間の育児休暇をとりました。

お母さんは、Bちゃんに温かい心を教えようと、出生直後から、目を見つめての語りかけを必死にしたそうです。ところが、Bちゃんはお母さんの緊張感と迫力に威圧感を感じたのでしょう。それで、目をそらし、お母さんを無視することで、お母さんに飲みこまれないように自分を守っていたのだと思います。私は「この子は、かわいい」と思って、ゆったりと話しかけたので、そのゆったりした心がBちゃんに響き、Bちゃんも気楽になり、ニコッとしたのでしょう。

お母さんに、「自閉症でもなんでもありません。のんびりと子育てを楽しんでください」と言うと、お父さんが、「そういえば、私たちは子育てを楽しまないで、必死になっていました。この子は親の顔がこわかったのでしょう」と言いました。お母さんも「子育ては楽しめばいいのですね」と笑顔になりました。お父さんが抱っこしてあやすと、Bちゃんはニコッと笑いました。

ひどく泣く

第一子で、生後四か月の男児・Cちゃんが「ひどく泣く」と、お母さんが心配して来院しました。数軒の小児科医院を受診しましたが、「特に異常はない。そのうち落ち着くでしょう」と言われたそうです。でも、その後も、よく泣き、夜泣きもひどいという訴えでした。

「お母さん自身に、今、何かつらいことはありませんか」とたずねました。

「夫はひとりっ子で、結婚後、夫の両親と同居しました。Cが生まれてからは、初孫なので、夫の両親はとてもかわいがってくれています。義母《はは》は、朝からよくCの世話をしてくれ、私にも子育てについて、こまごまとやさしく教えてくれます。それはありがたいのですが、一方で、自分が思うような子育てができません。やさしい義母への愚痴は夫にも言えません」

「お母さんは、毎日、泣きたいような気持ちでいるのですね」「そうです」

「その泣きたいような気持ちが、Cちゃんに伝わって泣くのでしょう。お母さんがCちゃんをとても大切に思っているから、Cちゃんとのあいだに、このような心の響き合いがおきるのです。お母さんの気持ちをよくわかって、応援してくれているのは、Cちゃんですね」

お母さんは「この子は、私の子どもなんですよね」と、涙をふきながら笑顔になって、Cちゃんを抱きしめました。

お父さんとよく話し合ってもらい、お父さんの職場の近くにマンションを借り、土曜日と日曜日は実家に帰ることで、夫の両親にも納得してもらいました。生活が、お母さん、お父さんとCちゃんの三人になり、お母さんが気をつかわないで、Cちゃんとの生活を楽しめるようになると、Cちゃんもほとんど泣かなくなりました。

吃音《きつおん》

三才女児・Dちゃん。六か月前より吃音がでていました。お母さんはDちゃんを、ほとんど抱っこしませんでした。出生時からベビーベッドに寝せていました。また、お母さんは、子どものころ、親にあまえた思い出がありません。

「Dちゃんは、お母さんにあまえたいけれどあまえられず、その気持ちをどのように表現すればよいかわからず、吃音になっています。でも、お母さんがこれまで愛情を持って育ててきたので、Dちゃんは自分の気持ちを吃音という形で訴えることができています。お母さんは、自分が子どものころ、あまえたい気持ちをがまんしてきたので、Dちゃんがあまえてくるのに抵抗があるのでしょう。でも、Dちゃんの顔を見ていると、Dちゃんのあまえたい気持ちが伝わってくると思います。できる範囲で、あまえを受け入れてあげてください」

お母さんと話していると、Dちゃんが「お腹が痛い」と言い、お母さんにお腹をさすってもらうと、よくなりました。私は言いました。

「お母さんは、今、Dちゃんの、お母さんにかまってもらいたい気持ちを感じて、お腹をさすってあげましたね。すると、Dちゃんの腹痛はすぐよくなりました。それでいいのです」

一か月後、吃音はすっかりなくなりました。お母さんは言われました。

「今まで、良い子に育てなくてはと思って、あまり、あまえさせないようにしてきました。でも、そんな自分の気持ちを抑えて、抱っこするようになると、すごく、あまえてくるようになりました」

「今まで、私は子どもに気をつかい、懸命に育ててきましたが、Dは私よりもずっと気をつかっていたのですね。そう思うと、すごくかわいくなりました」

Dちゃんはお母さんにくっつきながら、診察室の椅子を回して遊んでいました。

夜尿（おねしょ）

五才女児・Eちゃん。毎日のように夜尿があり、保育園でも、ときどき、パンツにおしっこを漏らします。弟が一年前に生まれてから、ひどくなりました。

Eちゃんが二才のとき、お母さんとお父さんは離婚しました。それまでは、よく夫婦げんかがありました。Eちゃんは、ずっと、おばあちゃんに育てられ、お母さんには、ほとんどあまえたことがありません。Eちゃんが三才のとき、お母さんは再婚し、Eちゃんは新しいお父さんにかわいがられましたが、お父さんは長期出張に行っています。四才のとき、弟が生まれて、よくお世話をしました。お母さんにあまえることもなく、やきもちもありませんでしたが、それまで、ときどきだった夜尿がひどくなり、今は毎日のようにあります。

お母さん「Eはあまりあまえてきません。やきもちもありません。良い子です」

Eちゃん「Eちゃんは、おばあちゃんと寝ている。ママは赤ちゃんとねんねしているので、いっしょに寝てもらえない。ほんとうは、ママに、もっと、抱っこしてほしい。いっしょに寝てほしい。Eちゃんがおしっこを漏らすと、お母さんは怒らないけど、いやな顔をする」

私「Eちゃんは、お母さんに迷惑かけないようにがまんして、良い子でいました。

でも、ほんとうは、さびしかったのです。弟が生まれて、お母さんを取りあげられたような気持ちになり、よけいにさびしさを感じています。満たされない心が、おねしょになっているのでしょう。おねしょをして、お母さんに迷惑をかけ、かまってもらって、お母さんとのかかわりを強くしようとしているのです。おねしょで失敗したときは、『だいじょうぶよ』と安心感を伝え、やさしく、後始末をしてあげるようにしてください」

お母さんは、「この子は私に気をつかって、迷惑をかけないように、ずいぶん、がまんをしていたのですね」と、涙をふきました。

その後、Eちゃんの、お母さんへの、抱っこ、おんぶなどのあまえがひどくなりました。何かで、お母さんとおばあちゃんが口論になると、すぐ「けんかしてはだめ！」と言うようになりました。夜尿の回数が減りました。

赤ちゃんが眠っているときなど、Eちゃんは、お母さんにすごくあまえるようになり、お母さんも、あまえてくるEちゃんが、いっそう、かわいくなりました。

六か月後、夜尿はなくなり、お母さんへのあまえはつづいています。お父さんが長期出張から帰ると、お父さんにもあまえています。

Eちゃんは、お母さんの心が落ち着いていないときは、おりこうで、あまえない、手のかからない、良い子でした。でも、満たされない心の訴えとして夜尿症になり、それが、お母さんにかまってほしいという気持ちを表していました。お母さんの心が落ち着くと、Eちゃんはお母さんにあまえ、夜尿もなくなりました。

腹痛

小学一年生、女児・Fちゃん。お父さん、お母さん、小学二年生のお兄ちゃん、二才の妹の五人家族です。学校ではまじめに勉強しています。

妹が生まれて、お母さんが赤ちゃんの世話に気をとられても、やきもちもなく、おりこうでした。一年くらい前から、ときどき、家でも学校でも「お腹が痛い」と言います。お母さんとふたりだけになると、あまえてひざに乗ってきますが、たびたび、がまんさせることがありました。お父さんは相手になってくれますが、Fちゃんは、お父さんには少し気をつかっているような気がします。

お母さんに席をはずしてもらい、Fちゃんと話しました。

「お母さんは大好き。妹がいるから、あまり、お母さんにあまえてはいけない。それに、お父さんはお母さんをいじめるから嫌い。お母さんがお父さんに怒られて、いなくなったらどうしようと思う。だから、おりこうにしないといけない」

お母さんに、Fちゃんとの話を伝えました。

お母さんは、「夫は声が高く、命令調に話をするから、怒っているように聞こえるのでしょう。夫と話し合います」と言われました。

一か月後、再来しました。お母さんはお父さんに、やさしい話し方に変えてもらいました。お母さんにもあまえますが、お父さんが遊んでくれるようになり、Fちゃんも、お父さんにあまえるようになりました。Fちゃんは、「お父さんはお母さんをいじめなくなり、仲よくなった。お父さんはやさしくなった」と言います。

そのあとは、家でも学校でも腹痛を訴えなくなりました。Fちゃんの腹痛は、お母さんとお父さんとの関係を心配しての、心の痛みだったのでしょう。

聴力障害

小学二年生、女児・Gちゃん。三か月ほど前より、Gちゃんに話しかけても反応がないときもあり、お母さんは、Gちゃんの耳が聞こえにくいのではという気がしていました。学校の健診で聴力障害を指摘され、耳鼻科医院を受診しましたが、耳に異常はなく、精神的なもので、そのうちよくなります、と言われました。

家族は、お母さん、中学生のお姉ちゃんとの三人で、Gちゃんが五才のとき、家庭をかえりみないお父さんと離別しました。お母さんは、お父さんと離婚するまでの二〜三年、ひどく悩み、Gちゃんをゆったりと受け入れることができませんでした。Gちゃんは、わがままも言わず、良い子でした。

離婚後、お母さんは、「母子家庭だから…と言われないように、きちんとしつけをし、良い子に育てなくてはいけない」と思い、あまえを許さず、小言《こごと》も多くなりました。遊んでくれていたお姉ちゃんも、勉強と部活で忙しくなりました。

Gちゃんと話をすると、「お母さんに、いっぱい抱っこしてもらいたい。おんぶしてもらいたい。いっしょに寝たい」と言います。

お母さんに、「Gちゃんは、つらい思いをしているお母さんに迷惑をかけないように、がまんをして、おりこうにしていました。離婚後、お母さんの言うことを守ろうとしたけれど、ほんとうは、さびしくて、お母さんにあまえたかったのだと思います。お母さんの小言を聞きたくなくて、精神的に聴力障害になったのでしょう。満足するだけあまえさせてあげてください」と話しました。

一か月後、来院しました。Gちゃんは、その後、お母さんにしつこく話しかける、抱っこ、おんぶ、からだにべたべた触る、いっしょに寝る、いっしょにお風呂にはいるなど、すごくあまえるようになりました。お母さんとお姉ちゃんが話していると、割りこんできます。Gちゃんの聴力障害はすっかりなくなりました。

抜毛《ばつもう》

小学校二年生、女児・Hちゃん。一か月前より、右側頭頂部の頭髪が直径五センチほど薄くなってきました。よく見ると、髪を引きちぎっているのがわかります。

Hちゃんの家族は、お父さん、お母さん、Hちゃん、弟（五才）、妹（一才）の五人です。お父さん・お母さんは家業で忙しい毎日。Hちゃんは赤ちゃんのころから、手のかからない良い子でした。Hちゃんが二才三か月のとき、弟が生まれました。やきもちもなく、おりこうでした。そのころ保育園に入園。最初の一か月ほどは、朝、お母さんの後追《あとお》いをして泣きましたが、その後は問題なく通園しました。

Hちゃんが七才のとき、妹が生まれ、すごく喜び、よくお世話をしました。小学校では、数人、友だちがいますが、屋内で静かに遊ぶことが多かったそうです。ときどき、腹痛、頭痛を訴え、すぐによくなりますが、その回数が増していきます。お母さん・お父さんにあまえることも、あまりありませんでした。

お母さんには診察室の外で待ってもらい、Hちゃんと話しました。

Hちゃんは、「お母さん、お父さんに、抱っこやおんぶをしてもらうことはない。妹は、いっぱい抱っこ、おんぶをしてもらい、お母さんといっしょに寝ている。それはいいことと思う。弟も、ときどき、抱っこ、おんぶをしてもらい、お父さんといっしょに寝ている。ほんとうは、Hちゃんも、ちょっとだけ抱っこ、おんぶをしてもらい、いっしょに寝てほしい。でも、お母さん、お父さんは忙しいし、自分はお姉ちゃんだから、おりこうにしなくてはいけない」と言います。

私が、「お母さん、お父さんに時間があるときに、弟や妹に見つからないように、ちょっとのあいだでも、抱っこ、おんぶ、いっしょに寝るなど、してもらおうね」と言うと、Hちゃんはうれしそうに、「そうしてもらう」と言いました。

お母さんに、Hちゃんの気持ちを伝えました。「Hちゃんの心に湧きでてくる、あまえたい気持ちをつみとるのが、髪を引きちぎる行為になっているのでしょう。Hちゃんは、家族みんなの気持ちをくんで、自分はがまんしていたのですね。お母さんがじょうずに育てたので、少し、がまんし過ぎているようですよ」

帰宅後、Hちゃんは、急に弟や妹と争って、お母さん・お父さんに、抱っこ、おんぶと、あまえるようになりました。特にお母さんには、べたべたとあまえました。

一か月後、抜毛はほとんどなくなり、二か月後には、すっかりなくなりました。頭痛、腹痛も訴えなくなりました。弟や妹が生まれると、上の子は何かとがまんをしています。お母さんが、「がまんをしていないかな?」と気づかっていると、上の子に、「あまえてもいいんだよ」というふんいきが伝わり、お母さんに余裕があるときに、しぜんに、あまえてくるようになります。

遺糞症《いふんしょう》（うんちを漏らす）

お母さんは、女児・Iちゃんを妊娠してからも、Iちゃんが生まれてからも、夫からの暴言・暴力に苦しみました。Iちゃんが一才を過ぎたころ離婚し、Iちゃんはお父さんに引き取られ、お父さんとおばあちゃんに育てられました。おばあちゃんは、Iちゃんを良い子に育てようと、きびしくしつけをしました。Iちゃんは小学校に入学し、おりこうで、手のかからない、良い子になりました。けれど、毎日、パンツをよごし、そのたびに、おばあちゃんに怒られました。

小学四年生。遺糞症《いふんしょう》はますますひどくなり、学校で、毎日、四～五回、パンツを替えなくてはならなくなりました。おばあちゃんからもお父さんからも怒られました。そして、おばあちゃんが「こんな子は育てきれない」と言って、Iちゃんは、再婚せずにいたお母さんと、母方のおばあちゃんのもとに移され、転校しました。

経済力もできたお母さんは、Iちゃんを引き取ることをとても喜びました。Iちゃんは、最初こそ、静かにおりこうにしていましたが、二週間もすると、お母さんとおばあちゃんに、抱っこ、おんぶ、いっしょの布団に寝る、いっしょに入浴するなど、はげしくあまえるようになりました。それでも、遺糞症はつづきました。

私は、お母さんとおばあちゃんに、「Iちゃんは、これまでのことで心の混乱をおこし、どうすればよいかわからず、遺糞症になっています。Iちゃんもはずかしい思いをして苦しんでいます。Iちゃんのありのままを受け入れ、たくさんあまえさせてください」と話しました。お母さんとおばあちゃんは「そのうち治るよ」と、遺糞症をあまり気にしなくなりました。楽しみながら、Iちゃんのあまえを受け入れました。Iちゃんは担任の先生にもあまえました。先生たちの支えがありました。

二か月後のことです。お母さんと寝ているとき、とつぜん、お母さんの胸と布団のあいだからもぐりこみ、お母さんの足のあいだから這《は》いでる遊びを、四回、くり返しました。お母さんが足を閉じると怒って、むりやり開き、股間から這いでました。

翌日、お母さんとおばあちゃんが心配して、相談にきました。

「Iちゃんは、お母さんの子宮の中までもどり、やさしいお母さんの子どもとして生まれ変わろうとしている」ことを説明しました。お母さんは涙を流しました。

その後、Iちゃんは、毎日、同様の儀式を三～四回くり返しました。家庭では赤ちゃん言葉になり、食事は、お母さん、おばあちゃんに食べさせてもらいました。ちょうどそのころ、学校でダンボール箱を見つけ、よくその中にはいり、胎児と同じような前屈《まえかが》みの丸くなる姿勢で、寝ころんでいました。その後、二週間もすると、家庭でも学校でも、そのような行動はなくなりました。うんちを漏らす回数も少なくなりました。六か月後、まったくなくなりました。

Ｉちゃんは、お母さん、おばあちゃんに受け入れてもらって、胎児期までもどり、はげしくあまえ、そうやって、生まれ直し、育ち直しをしたのでしょう。

電子メディア障害

病院で発達障害と診断された三才男児Ｊちゃんが、保育園に入園してきました。ほとんど言葉がなく、あまえてもきません。お遊戯をすると、手足をロボットのように、カクカク動かします。仲間と遊べません。

両親も、子どものころ、親にあまえたり、遊んでもらった思い出がありません。子どものころから今まで、ずっとゲームをしてきたそうです。Ｊちゃんが生まれてからも、Ｊちゃんが寝ているそばで、暇さえあれば、ふたりで戦闘ゲームをしていました。Ｊちゃんはゲーム機の音を聞き、戦闘画面を見ながら、おりこうに、ひとりで寝ていました。二才になると、父母のゲーム機をじょうずに使えるようになり、父母は、ゲームを覚えたＪちゃんのことを、友だちに得意になって話しました。

母親に「Ｊちゃんはゲームに飲みこまれて、ゲームの主人公と同じ心になり、同じ行動を取っている」ことを伝え、父母のゲームを止めて、Ｊちゃんにもゲームをさせないようにと話しました。抵抗のあった父親もゲームを止めました。保育園では、保育士が語りかけ、抱っこ、おんぶをして、あまえの快さを教えました。父母も、徐々に、Jちゃんのあまえを受け入れられるようになりました。四か月後、Jちゃんはじょうずにあまえるようになり、特異な行動はなくなりました。

Jちゃんは、さいわいに回復しましたが、それは、Jちゃんが、まだ三才だったこともあります。年令を重ねるごとに回復はむずかしくなります。また、幼児期からケータイなど電子機器に触っていると、大きくなってから、ゲーム依存やケータイ依存、ネット依存になりやすいと指摘されています。

震災後の外傷性ストレス障害

東日本大震災の年、二〇一一年八月に開催された日本外来小児科学会の「あまえ療法」の分科会で、東北地方の小児科医院から、次のような事例が報告されました。その小児科医院は、あまえ子育て、あまえ療法に取り組む、私たちの仲間ですので、ふだんの診療にも、その視線が活かされています。

五才三か月の男児・Kちゃん。東日本大震災にあい、その後、家族といっしょに、テレビの震災報道を見ていました。お母さんは、大きな余震を心配していました。Kちゃんは十日ほどしてから、夜、寝ていて「こわい！ こわい！」と、はげしく泣くようになりました。

すぐに来院しました。小児科医院では、テレビをできるだけ消して、いつものように、あまえを充分に受け入れ、夜はいっしょに寝る、こわがるときは抱きしめてあげるよう、お母さんに伝えました。それからは、Kちゃんがこわがるたびに、お母さん・お父さんが「だいじょうぶよ」と抱きしめてあげました。あまえも、ひどくなりました。テレビは、Kちゃんの前では、いっさい見ないようにしました。

一週間後、夜、はげしく泣くことはなくなりました。東日本大震災の地震をKちゃんは体験し、その恐怖とストレスがテレビの震災報道によって浮かびあがり、増幅されたのでしょう。また、お母さんの余震への心配が、Kちゃんの心へ響いていたものと思われます。東日本大震災では、テレビ報道によって心に外傷（トラウマ）を受け、腹痛、登園しぶりなどの、目に見える症状を現した子どもが多いと思います。そういう子どもへは、Kちゃんがお母さん・お父さんにしてもらったのと同じように、してあげてください。

また、このことは、震災報道の映像が、間接体験となって、Kちゃんの心のアルバムに物語り写真（表象《ひょうしょう》）として収められていたことを表しています。それがあまりに強烈なので、地震の直接体験のトラウマを呼びおこしたのでしょう。このように、心の物語り写真は間接体験をとおしても、心のアルバムに収められていきます。

子どもの間接体験のなかで、最も影響が大きいのはテレビの番組ですし、ゲームの映像やストーリーです。番組やゲームのなかには、たくさんの殺人や暴力が描かれています。子どもは、そのような映像を、日常的に心の物語り写真として取りこんでいます。保育園や幼稚園で子どもの暴力的な振る舞いが見えるのも、このことが影響していると思われます。子どもには、同じ間接体験でも、希望のある、人間性を高めるようなものに触れさせてあげてほしいものです。

5、発達障害ということ

たとえ、発達障害があっても

発達障害が増えているといわれています。特に、注意欠陥・多動性障害（ＡＤＨＤ）が目立っています。私は、長いあいだ、発達障害といわれている子どもたちとかかわってきましたが、その経験から、発達障害には、ふたつのタイプがあるのではないかと思っています。

ひとつは、先天性の脳の障害による発達障害です。このタイプの子どもには、その子の表に現れる行動を治めるような療育がなされています。投薬治療もされています。けれど、どのような発達障害があるとしても、人間としての心は同じです。ただ、発達障害があると、心の混乱は強くなります。心の混乱による表に現れた行動については、その子の心のなかを見つめるようにして、行動の意味づけをするのが大切だと思います。

イギリスの児童精神科医・トレヴァーソンや児童心理学者・リチャーは、発達障害児の療育の基本は愛着形成にあると言っています。心の響き合いをぬきにして、スキルやテクニックで療育しようとすると、子どもはますます混乱をおこすおそれがあります。このタイプの発達障害であっても、子どものあまえを充分に受け入れ、安定した親と子の関係をつくることで、発達障害の症状はずいぶんと和《やわ》らぎます。

この子って、ほんとうに発達障害？

もうひとつは、その子の生まれつきの繊細な性格と、育ちの環境が合わさって、発達障害と似たような症状を見せている発達障害です。

親は、日常の生活に追われたり、心配ごとがあったり、社会の風潮に流されてしまったりして、赤ちゃんの〝聞こえない声〟を聞くことができなかったり、幼い子が触れ合いを求めていても、それに応えられないことがあります（**第9章　親と子を、あまえから遠ざけるもの**）。すると、子どもは、さびしさと、そのことによる怒りのような気持ちを、心に押しこめていきます。生まれつき繊細な性格の子どもほど、よりいっそう、その傾向が増していきます。

それは、心の小さな傷となって、その子のなかに積み重なっていきます。親が、そのことに気がつかず、すれ違いがつづくと、子どもの人を信頼する気持ちが弱くなり、人を避けるようになります。落ち着いて考えることもできなくなって、多動などの発達障害に似た症状を現すことがあります。発達障害と診断された子どものなかには、このような子どもが多く含まれているのではないかと、私は思います。

「育ちの環境が合わさって」といわれると、親の皆さんは、つらい思いをされることもあるでしょう。でも、たいていは、親も意識していない、親と子のすれ違いに多くの要因があるのですし、もともと、心の響き合いが豊かな親と子ほど、このような意味の響き合いも強くなります。

それに、そのような子は、生まれつき、感受性が豊かです。今から、子どもへの気持ちを新たにされてはいかがでしょう。テレビやＤＶＤ、ゲームを、できるだけ遠ざけるようにして、静かでおだやかな家庭のふんいきのなかで、子どものあまえを充分に受け入れ、子どもの心を満たしてあげれば、発達障害に似た症状は、たいてい、なくなります。心の訴えは心で受け止めましょう。


男児・Ｌくん。赤ちゃんのころから、お父さんからお母さんへのＤＶがあり、毎日のように両親のけんかがありました。お母さんは、Ｌくんのあまえを充分に受け入れられませんでした。Ｌくんが三才のとき、お母さんは離婚し、Ｌくんは、お母さん、おじいちゃん、おばあちゃんと暮らすことになり、保育園に入園しました。

保育園では、ひとりで遊ぶことが多く、落ち着きなく走りまわり、食事もじっと座って食べることができません。家庭でも落ち着きなく動きまわりました。病院では注意欠陥・多動性障害と診断されました。投薬を受けましたが、Lくんがいやがり、お母さんも飲ませたくなかったので中止しました。

私は、お母さんに、機会あるごとにLくんを抱っこすることをすすめました。Lくんは、だんだんと、お母さん、おじいちゃん、おばあちゃん、保育士にあまえるようになりました。多動を抑えたり、しつけをするときは、抱きしめて諭《さと》しました。年長組になると、いくぶん落ち着き、集団行動もとれるようになりました。

小学校入学後も、ときどき、席から立ちあがり教室を歩きまわりましたが、そのつど、先生が抱きあげて椅子に座らせました。先生にも、ひどくあまえました。三年生になるとすっかり落ち着きました。その後、よく勉強するようになりました。

Lくんは、お父さんからお母さんへのＤＶのもとで育てられ、精神的虐待を受けつづけました。生まれつきの繊細な性格と虐待環境が重なり、混乱した心になって、注意欠陥・多動性障害と同じような症状が現れたのです。

医療の場での、発達障害の診断は、細心の注意でのぞんでほしいと願います。

発達障害の診断について――「多軸評定《たじくひょうてい》」の重視を

発達障害の診断は、世界的に、アメリカの精神医学会が作成した「精神疾患の分類と診断の手引き（DSM）」にもとづいて行われます。この診断基準は、精神疾患の医学的研究や社会的認識の進展に合わせて、改訂されてきました。

この「手引き」の中に、医師が診断を行うときの基準として、いくつもの症状が列挙されています。そのうちの何個以上の症状が何か月つづいている、ということを基準に診断をします。発達障害にも、自閉性障害、学習障害、注意欠陥・多動性障害、アスペルガー障害などがありますから、いちがいにはいえませんが、診断の基準になる症状には、次のようなものがあります。

・言葉が遅れている。視線が合わない。
・他者とコミュニケーションがうまくとれない。
・想像力をはたらかせて、相手の気持ちを推し量ることが不得手《ふえて》。
・落ち着きがない。集中ができない。
・ひとつのことに強いこだわりがある。………

一見すると、たいていの子どもに、心当たりがありそうな気がしてきます。ですから、発達障害の診断にあたっては、多くの経験と慎重な判断が求められます。

ところで、このような、目で見える症状のほかに、診断の手引きには「多軸評定《たじくひょうてい》」という項目があり、発達障害の診断と治療においては、このことを熟考しなければならないと記述してあります。「多軸評定」の対象としては次のようなことです。「親の離婚や不仲による家庭崩壊。親の再婚。家族の病気や死。経済問題。きょうだいとの不仲。きょうだいの誕生。虐待。ネグレクト。過保護。不適切なしつけ。学業上の課題。学校の問題。友だちや教師との問題、医療関係者との不仲…」に至るまで、くわしく述べられています。

このような心理的、社会的要因によって発達障害に似た症状が見られるのであれば、それは、先天的な脳障害による発達障害というよりは、通常の不安定な心理状態が継続していたり、育ち（成育）の環境による関係性障害（注）の可能性があります。ですから「多軸評定」では、このことに充分配慮して、安易に発達障害と診断されることのないよう、注意を促しています。私たちの国では、この「多軸評定」が軽視されているように思われます。

また、たとえ、脳障害による発達障害であっても、「多軸評定」に照らして、二次的におきる関係性障害を見逃さないように、気を配る必要があります。

子どもたちが生きていく環境が、家庭においても、社会においても、劣化していくなかで、子どもが不安定な心理状態でありつづけることや、愛着不全の状態でい

（注）好ましくない養育環境によっておこる症状。

ることは、特別ではなくなってきました。そのことと歩調を合わせるようにして、発達障害と診断される子どもが増えているのではないでしょうか。

そのような子どもたちには、一時的に、投薬による治療に頼らざるを得ないことがあるにしても、あまえ子育てやあまえ療法による、子どもの心への支援が有効だと、私は思います。

6、子どものうつ症状

このところ、発達障害とともに、思春期の人を中心に、うつ症状が増えているといわれます。これまで、皆さんと学んできましたように、表に現れる子どもの症例としてのうつ症状は、子どもの心の症状です。心の症状には、その子との心の響き合いをとおして、回復の道筋を探していきましょう。

子どものうつ症状で、病院の思春期外来や心療内科を受診すると、多少とも投薬治療になりがちです。でも、投薬による治療は、やむを得ないと思われるときに限るよう、医師にもお願いするとよいでしょう。

7、少し重くて、複雑な症状

「親と子の心の症状は、あまえ療法で、みんなよくなるのですか」という質問を受けることがあります。そうであればよいと願いますが、もちろん、そういうわけにはいきません。症状の重さや状況の複雑さによっては、うまくいかないことがあります。そういうむずかしい症例では、あまえ療法とともに、他の、箱庭《はこにわ》療法や遊《ゆう》戯《ぎ》療法、ときには薬物療法の力を借りることで、効果が見えることもあります。

ですから、そのようなときは、あまえ療法の立場から、信頼できる臨床心理士や小児科医、精神科医に紹介するようにしています。また、臨床心理士や小児科医、精神科医の皆さんに、あまえ療法を学んでいただくことも、相談者にとってはとても良いことだと思います。

いずれにしても、むずかしい症例では、すっきりと落ち着くまでに、五年、六年とかかることはあります。また、そのあいだに、親と子ともに、面接が途絶えることがあります。その後が心配ですけれど、来所が途切れるのは、私たち治療者が、相談者とのあいだに、良い心の響き合いをつくれなかったからではないかと、感じています。気持ちを新たに勉強会を開いています。

第11章

子ども期を
過ぎて
現れる
“あまえ欠乏症候群”

1、「良い子」という哀しみ

親は競争社会に巻きこまれて、子どもに、目に見える形での良い子を求めていきがちになります。子どもは、親に認めてもらおうと、親の言うことをよく聞き、親の意を先回りして、よくお手伝いをし、よく勉強をします。良い子でいないと、愛してもらえず、見離されるのではないかと、いつも不安を感じているからです。うその自分で懸命にがんばっているのです。けれど、うその自分を演じるのが重なると、いずれ、子どもの心の容量の限界に近づきます。

その限界は、思春期、青年期に、とつぜんのようにやってきます。何に対しても無気力になります。それは、それまで、精一杯ピーンと張っていたゴムの糸が、プツンと切れるのに似ています。

また、自分の心が容量を超えて、今にも破裂してしまいそうな気持ちになるのでしょうか。そうならないために、自分への防御《ぼうぎょ》として、リストカットなどの自傷行為、摂食障害、不登校、引きこもり、うつ病のような症状が始まることがあります。

あるいは、自分を「良い子」にさせて、こんなに自分を苦しめることになった親への怒りとして、また、親への試し行動として、家庭内暴力が始まることもあります。

けれど、まちがってはいけませんが、良い子がいちがいに問題のある子どもではありません。親にかわいがられて育ち、あまえを受け入れられてきた子どもは、たいてい、良い子です。率直で、感性豊か、他の子にもやさしく、自分を抑えることも知っています。

どの子が、良い子で、「良い子」なのか、保育園や幼稚園、学校では注意をして見ていく必要があります。無理をしているな、良い子を演じているなと思われる「良い子」には、その子と親に、手を差しのべてあげてください。「良い子」の混乱を親と子で乗り越えると、子どもは自分らしい生き方ができるように成長します。

あまえ直し

あまえで満たされていない子どもは、何才になっても、あまえを満たしてくれる場面や人に恵まれると、〇〜三才くらいに逆もどりをし、あまえて、心を満たそうとします。保育園や幼稚園で、保育士にひどくあまえる子どもが増えています。お母さん・お父さんは、毎日、忙しく過ごしていますから、子どものあまえを、子どもが望むように満たしてあげるのは、なかなか、むずかしいですね。そのぶん、家

庭では充分に満たされないあまえを、保育園や幼稚園で満たそうとするのです。

子どものころに、あまえで心を満たされなかった、むしろ、あまえてはいけないと思いこんできた学童期、思春期の人が、〇～三才くらいの子どもに逆もどりをし、幼児期の反抗の変形として、物にあたったり、暴言を吐《は》いたりすることがあります。そうやって、反抗し、わがままを言い、それを受け入れてもらうことで、もう一度生まれ直そうとします。

また、その反抗が家庭内暴力となって現れることもあります。そのときは、「どのようなことがあっても、あなたを捨てることはできない」という思いを伝え、ひるまず、どっしりと受け止め、けれど、「暴力は許されない」と、子どもの心を抱きしめて語ります。

学童期、思春期の人の暴力では、けがをするおそれもありますので、「逃げるのではない。あなたの暴力が治まるまで、あなたから避難する」と、別の場所に離れることも大切です。決して、子どもを投げだすのではありません。〝この子は必ず立ち直ってくれる〟と信じて、子どもを受け止めるのです。

「うその自分を生きる」ということ

ひとりっ子、男児・Mくん。お父さんは仕事が忙しく、ほとんど、Mくんの相手をしませんでした。専業主婦のお母さんは、しつけのきびしい両親に育てられ、あまえることもなく、おりこうで、よく勉強をしました。お母さんは、Mくんを出産後、Mくんを心の支えとして懸命に育てました。四～五年ごとに転勤するお父さんといっしょに、全国を転居しました。Mくんは、三才から、硬筆、算数教室、英会話の塾に通いました。喜んで通っているように見えました。小学三年生から学習塾に通い、非常に良い成績でした。そのころ、お父さんは支店長になりました。

Mくんは、中学一年生の九月より、頭痛、腹痛で、ときどき学校を休むようになりました。お母さんが学校のことを言うと、暴言を吐き、手当たりしだいに物を投げつける、テーブルやテレビをひっくり返すなどの、家庭内暴力がでてきました。それでも、ときには、「耳掃除して」と、お母さんのひざに頭を乗せるなど、あまえてくることもありました。お母さんは「二、三才の子どもみたい」と言いました。お父さんが帰宅すると自分の部屋に閉じこもり、お父さんとは顔を合わせません。

Mくんは不登校になり、家庭内暴力はつづきましたが、お母さんは、いけないことはいけないと止めました。暴力から避難して、車の中で夜を過ごすこともありました。Mくんのあまえは、すべて受け入れました。

一年後、私との面談で、お母さんは言いました。「夫は、一流大学をでていません。一流大学をでていれば本店勤務ですのに。Mには、どうしても一流大学にいってほしかったのです。でも、今、ようやく、一流大学卒よりも、自分で満足できる生き方をするのが大切とわかりました。夫は部下から信頼され、良い人です」

中学三年生になって、家庭内暴力はなくなり、通学するようになりました。高校ではすっかり落ち着き、集中して勉強しました。大学の工学部に進み、自分の興味のあることを探求している研究室で、実験を手伝っているそうです。


Mくんは、子どものころ、お母さんの「一流大学へ…」という夢を受け入れ、自分から進んで塾に通い、よく勉強しました。でも、中学生になり、それが、ほんとうの自分ではないことに気づき、自分にはほんとうの自分がないことに苦しみ、その原因をお母さんに見つけ、家庭内暴力になりました。

お母さんは、さいわいにも「学歴よりも人間性が大切」なことに気づきました。Mくんには、お母さんの心の変化が響き、自分を最初からつくり直すことから始め、そうやって、自分の人生を取りもどすことができたのです。

赤ちゃん返りとドメスティック・ヴァイオレンス（DV）

お父さん二十五才、お母さん二十四才、四か月の赤ちゃんの、三人家族です。

「恋人時代、夫はとてもやさしい人でした。結婚すると、仕事はきちんとしましたが、私にひどくあまえるようになりました。お風呂からあがると、私がからだをふき、下着まで身につけてやりました。食事は〝アーン〟と口をあけて食べさせました。変だなと思ったけれど、新婚だったので、それなりに楽しかったんです。

結婚してすぐに、妊娠に気づきました。妊娠を伝えたとき、夫は少し驚いた顔で『子どもが生まれるのか…』と、あまり喜びませんでした。夫の立ち会い分娩で、子どもが生まれました。夫は無表情で見ていました。退院後、夫はきげんのよいときは、赤ちゃんの世話をしました。でも、私が子どもの世話にかかりきりになると、『家は、子どもだけではないぞ！』とふきげんになり、私に暴言を吐《は》くようになりました。泣いて、私を自分のものにしようとする子どもに腹を立て、「うるさい！」と怒鳴りました。物をけったり、投げたりするようになりました」

お母さんは困り果て、離婚を考えるようになりました。「離婚話をすると、夫は『もう絶対にしない。自分を捨てないでほしい』と泣きながら、頭を下げます。四～五日はやさしくて、良い父親ですけど、一週間もすると、もとにもどります」

お父さんは、子どものころ、家庭をかえりみない父親と、あまえを許さず、きびしくしつけをする母親に育てられ、おりこうで、よく勉強し、大学卒業後、公務員になったということでした。お母さんに、「ご主人は何才くらいに見えますか」とたずねると、「ほんとうに赤ちゃんで、一～二才に見えます」私は「ご主人は、やさしいあなたを母親にして、自分は赤ちゃん返りをし、子どものころ満たせなかったあまえを、今、満たそうとしています」と話しました。

お母さんはこのように話されました。「子どもが生まれるまでは、毎日、腕枕で寝せました。夫は胎児のように丸くなって、私の胸にくっついてきます。赤ちゃんがするように、乳房に触ってきました。性的に触るのとは違います。子どもが生まれてからは、夫はひとりで寝ています。それで、すごくふきげんなんです」その日から、赤ちゃんが眠ったあと、お母さんはお父さんといっしょに寝るようにしました。

一か月後、お母さんは、「先生が〝夫は赤ちゃん返りをしている〟と言われるので、その目で見ると、赤ちゃんそのものでした。赤ちゃんのように抱きしめてやると、おりこうになりました。赤ちゃんと同じように、かわいい夫です」と笑っていました。

六か月後、暴言や、物にあたることはなくなりました。あまえはつづいていますが、ずいぶん軽くなったそうです。

ＤＶには、子どものころ、あまえで満たされていない夫が、やさしい妻を母親にして〇～三才に逆もどりをし、妻にあまえ、わがままを言っている事例がたくさんあります。ここでは、あまえで満たされなかった子どものころの心の傷が比較的軽い夫のDVは、妻のあまえ受容で治まることもあると、教えられました。

けれど、大部分のDVは、心の傷が深いため、妻のあまえ受容だけでは、なかなか治まらないと思います。また、DVのなかには、あまえとあまり関係のない事例もあるので、早めに相談機関に出向くことが必要です。DVについての相談を電話で受けている民間のグループもあります。

世代間伝達《せだいかんでんたつ》

人は、子どものころ、親にどのように育てられたかの物語り写真を、心のアルバムに収めています(表象《ひょうしょう》)。そうやって、自分が親になって、自分の子どもを前にしたとき、その場のふんいきに合った、自分の子どものころの物語り写真が浮かびあがり、それに導かれるようにして、自分の親と同じような行動をとることがあります。そのことを世代間伝達といいます。

子どものころ、親からの虐待を受けていると、そのときの心の物語り写真が浮かびあがり、子どものころの自分を自分の子どもに重ね合わせ、子どものころの自分の親を自分のなかに取りこみ、そうやって、自分の親と同じように、子どもを虐待することがあります。虐待の世代間伝達《せだいかんでんたつ》です。

そのようなときは、子どものころのつらかったことを、そのころの親のこと、親の立場も思いはかりながら、見つめ直してみましょう。（**第6章**の「**3、自分のなかの物語り写真を見つめてみる**」）そして、虐待を受けてつらく悲しかったときの自分を思いだし、今の自分からそのころの自分へ、慰めと励ましの言葉をかけて、語り合いましょう。（**第7章**の「**あのころの自分に語りかける**」）また、子どもと楽しく遊び、子どものあまえを受け入れ、そうやって、子どもに助けられて、自分の子どものころの、つらかった心の物語り写真を、楽しい心の物語り写真に置きかえることができます。そうすることで、虐待の世代間伝達を断つことができるでしょう。

しかし、重い世代間伝達を断つには、たいへんなエネルギーが必要です。自分では、どうしても断つことができないと思われたときは、勇気を持って、児童相談所などの相談機関に相談してください。

世代間伝達という言葉は、体罰や虐待など、よくない面で語られることが多いものです。けれど、ほとんどの親の皆さんは、良い面の世代間伝達のなかで育ってこられています。それでも今の社会は、どうやら、親と子の良い面の世代間伝達を、うながすようには進んでいないようです。（**第9章　親と子を、あまえから遠ざけるもの**）そのなかにあって、これまで、ともに学んできたことが、これからの親と子の、良い面の世代間伝達にお役にたてることを願っています。

2、いくつになっても　あまえ

学童期のあまえ

小学三年生くらいまでは、精神的には幼児期の延長です。家庭では、お母さん・お父さんにあまえます。学校でも、先生にあまえます。

小学四年生くらいになると、言葉による反抗が強くなります。このことを、前反抗期とか中間期反抗期といいます。けれど、ときには、お母さん・お父さんに、ふざけて触れてきたり、しつこく話しかけてきたりします。女の子だと髪を結んでもらったり、お母さんと買い物に行ったりします。そして、何か不安なこと、つらいことがあると、お母さん・お父さんへのあまえがひどくなります。

思春期のあまえ

慶応大学医学部小児科の渡辺久子先生は、「思春期の人たちは三種の年令を持っている。友だちの前では年令相当の年令。母親の前では二十才過ぎの年令と〇〜三才の年令の二種をだす」と言っておられます。また、思春期の子どもは〃大人の赤ちゃん〃とも言われます。「お母さんの前では、年令から十を引き算した年令にもどる（十三才だと三才にもどる）」そうやって、子どものころ、心の安全基地が充分につくられていなければ、それを補い、一方で、大人になる練習もします。赤ちゃん返りと独り立ちの練習で混乱がおこり、親も混乱させます。

お母さんが何か言うと、腹を立てます。「わかっている。よけいなことを言わないで！ 自分のことは自分でする」一方で、「お腹がすいて死にそう。何かない？」と、あまえてきます。思春期の人たちが、そんなふうにあまえてくるときは、何かつらいことがあったり、不安だったり、疲れていたり、どうしていいかわからなかったりなど、心が弱っているときが多いと思います。現代の思春期の人たちは、ただでさえ、きゅうくつな日々を過ごしています。その心のやり場のなさを、あまえという形で表に現してくれるのは、さいわいなことです。そういう親と子の関係がつくられているということなのですから。

あとがき

私は、高校生のころ、小学校の教師にあこがれました。けれど、担任から「教職の分野は就職難」と言われ、それではと、同じく、子どもを相手にする小児科医を志しました。医学を学びながら、人生を歩みはじめたばかりの子どもの生命と健康をおびやかすものへの挑戦に関心を深め、医師となってからは、地域の第一線の病院で小児医療に打ちこんできました。けれど、年令を重ねるごとに、子どもの心のことに興味を覚えるようになりました。そして、いつしか、今でも、そういう子どもたち、思春期の人たち、彼らの保護者の人たちと、日々、向かい合うようになっています。そんな私に、友人は、「毎日、きびしい環境や虐待のなかにある親と子を診ていて、よく、胃潰瘍《いかいよう》にならないね」と言います。そう言われて、しみじみ自分と向き合ってみると、私が高校生のころ夢に描いていた、子どもを育てる教師と同じことをしていることに気づきました。

「私は子どもを虐待しています。助けてください」と、お母さんが相談にこられます。お話を聞くと、ほとんどの人が、本人も、子どものころ虐待を受けて育っています。そのときの心の物語り写真にあやつられながら、それでも、必死に子育てをしています。そんな人も、私のもとに通いつづけてくださり、私と、日常のよもやま話を含めてお話していると、皆さん、落ち着いた、良いお母さんになっていかれます。

私は、そのようなお母さんを前にしていると、なんだか、なつかしい人、大切な人と話をしているような気持ちになっていることに気づきます。そのとき、説明の必要のない、楽しさ、安心感に包まれています。なつかしい人、大切な人とは誰なのだろう？　と思います。

その人は、私が子どものころの、私の母なのでした。戦後まもない、あの時代のきびしさと、困難の多い家庭環境のなかで、私たち四人の子どもを、それぞれの道へと押しだしてくれた母です。そこには、母自身の、言うに言われぬほどの粉骨砕身《ふんこつさいしん》と、虐待さながらの私たちへの叱咤激励《しったげきれい》がありました。今、私の前で、涙にくれながら、子どもへの虐待を語り、自分を責め、私にせめてもの救いを求めているお母さんのお話を聞いていると、子どものころの私の母の話を聞いているような気がします。ですから、私は胃潰瘍にもならず、むしろ、喜びと満足感を与えてもらっているのでしょう。

この本は、ＮＰＯ法人「カンガルーの会」の仲間、私にいつも適切な助言を与えてくれる、助産師、保健師、保育士、教師、児童養護施設などの皆さん、そして「あまえ研究会」の仲間の助けがあって、書くことができました。また、乳幼児精神保健学の世界の大切さと、興味深さに目を開いてくださり、指導をいただいている慶応大学医学部小児科・渡辺久子先生に、心より感謝いたします。

日本外来小児科学会での「あまえ療法」分科会のあと、私に、この本を書くことをすすめてくれたのは、童話館出版代表の川端さんです。自ら編集にたずさわられ、多くの支援をいただきました。違う分野であっても、長い年月、子どもと家族のことに想いを持って仕事をしてきた、私たちの心が響き合って、この本を世に送りだすことができました。私は長崎大学医学部で学び、小児科医になりました。小児医療の分野で自分なりに力を尽くし、今、もうひとつの世界で自分の役割を見つけています。その役割のひとつとして、こうして本を書くことになりましたが、その本を長崎市の出版社から上梓《じょうし》するのは、人生のふしぎな巡り合わせというほかはありません。この本が、毎日を楽しく過ごしている親と子の皆さん、楽しく過ごしたいと努力している親と子の皆さんの、お役に立つことを願っています。

この本を、心の混乱を抱えて私のもとを訪ね、私に、あまえのすばらしさを教えてくれた、多くの子どもたち、親の皆さん、そして、私たち四人の兄弟の亡き母へささげます。

二〇一二年六月

《おすすめの子育ての本》

『こころ育ての子育て』（渡辺久子／白石書店）**『抱きしめてあげて』**（渡辺久子／太陽出版）

『子どもを伸ばすお母さんの知恵』（新津直樹、川辺修作／海竜社）

澤田　敬（さわだ　けい）

高知県生まれ。1966年　長崎大学医学部卒業
1972年　高知県立西南病院小児科医長・のちに部長
1999年　高知県立中央児童相談所医務主任
2009年　認定NPO法人「カンガルーの会」設立
2011年　児童相談所退職

現在の取組み　「FOUR WINDS」（四つの風）乳幼児精神保健学会を設立
日本虐待防止学会評議委員　「あまえ研究会」世話人代表
認定NPO法人「カンガルーの会」理事長

著書　1）小児心身医学ガイドブック（分担執筆）北大路書房
2）乳幼児精神保健の新しい風　別冊「発達」24（分担執筆）ミネルヴァ書房
3）メンタルヘルスケア（分担執筆）中山書店

認定NPO法人「カンガルーの会」
住　所　〒781-2124 高知県吾川郡いの町八田235-2
TEL/FAX　０８８－８９３－６１３７

※「カンガルーの会」は、子どもへの虐待予防を目的に、予防的かかわりのできるスタッフの養成を行っています。
※「子どもと生きる・あまえ子育てのすすめ」の印税は、「カンガルーの会」の運営に活用されます。

FOUR WINDS　乳幼児精神保健学会事務局
住　所　〒224-0032 神奈川県横浜市都筑区茅ヶ崎中央24-10
クレストセンター南401（企)エコアド内
TEL　045−532−6907　FAX 045−532−6908
URL　http://www.fourwinds.jp/

子どもと生きる・あまえ子育てのすすめ
著／澤田　敬
2012年7月15日　第1刷 発行
2014年5月20日　改訂第3刷 発行
発行者　川端　強　発行所　童話館出版
〒850-0055　長崎市中町5番21号
☎ 095（828）0654　FAX 095（828）0686
http://www.douwakan.co.jp
印刷・製本　大村印刷株式会社
NDC360　ISBN978-4-88750-132-4　P.200　21×14.5cm